沐斋文如其人
均是温文尔雅的

温文尔雅

增订本

沐斋 / 著

以《尔雅》为绳
以草木虫鱼花鸟为纲

引经据典,亦庄亦谐,纵横捭阖,评古论今,一唱三叹……

尔雅人生
诗意生活……

上海古籍出版社

图书在版编目（CIP）数据

温文尔雅 / 沐斋著. —增订本. —上海：上海古籍出版社，2019.4

ISBN 978-7-5325-8666-0

Ⅰ.①温… Ⅱ.①沐… Ⅲ.①《尔雅》-通俗读物 Ⅳ.①H131.2

中国版本图书馆CIP数据核字（2017）第270010号

温文尔雅（增订本）
沐斋 著
....

上海古籍出版社出版、发行

（上海瑞金二路272号 邮政编码200020）

（1）网址：www.guji.com.cn
（2）E-mail：guji1@guji.com.cn
（3）易文网网址：www.ewen.co

印	刷	上海丽佳制版印刷有限公司
开	本	710×1000 1/16
印	张	14.75
版	次	2019年4月第1版　2019年4月第1次印刷
印	数	1—5,300

ISBN 978-7-5325-8666-0/G·672
定　价　88.00元

如有质量问题，请与承印公司联系

再版小引

《温文尔雅》的出版距今正好十年光景了。十年，仿佛弹指一挥间，指间敲下的每一个文字，历历在目；纸上扫过的每一笔墨痕，墨迹未干。然而，十年也足以经历人生许多事，于我而言，樱红蕉绿，鬓已星星也，犬儿嬉闹在侧，久矣不复梦见周公。

最近有一位读者跟我说，她最早还是上高中的时候在学校图书馆里读到《温文尔雅》，从此一路走来，从高考到大学，从大学到读研，再从研究生毕业到如今上班工作，每段人生最宝贵的时间里都有沐斋的书相伴：《月移花影》《空色》……直到《我素》和《滋兰笔记》。这朴素的表达很令我感动，让我知道总有这样一群人，他们是"看着我"长大的。

孔子云"德不孤，必有邻"，大概也是感怀这么一点意思。鄙人尚且存有自知之明，自惭岂敢论德，然而先贤所倡"立德、立功、立言"，须臾不离吾胸中，算是文人的一种标杆和警策罢，尽管放诸今日显得如此不合时宜和格格不入。老友浔阳曾评我"这些性情文字与时代的强音不合拍了，他仍在浅斟低唱"，说得我好像奉旨填词的柳三变或者携妓云游的张宗子，然而，这大概才是别人眼中的甯沐斋罢！

历史之洪流浩浩荡荡，庙堂士大夫代替了朱门士族，闲雅文人代替了士大夫，市井代替了文雅，俚俗代替了市井，直至网络时代的人潮汹涌彻底湮没了雅与俗、技与道、理想与现实、情怀与功利、实用主义与精神追求的边界。然而我对这一切并没有抨击和否定的意思，自始至终我都是一个悲观的乐观主义者、现实的理想主义者，因为不管怎样，有一件事对于人们来说从古至今从未改变，那就是对快乐人生的追求。《论语》开篇先讲"不亦乐乎"，从孔夫子到张宗子，从诗三百到明清小说，没有谁否定及时行乐的价值和意义。

近年"国学"骤兴，初始虽时见乱象，终复回归理性，再经国家倡导，而今似渐入佳境。琴棋书画诗酒茶自不必说，原本就是文人雅趣之事，可就连读经、学礼也"热"了起来，颇使人诧异。我揣测其中不免有好奇心在驱使，总有人感到有趣，觉得好玩，于是去凑凑热闹罢了。只是不知单单为了好玩，是否能够持久；至于持久之后又为了什么，研习方向在哪儿，旨归何处，更不好说。

写作《温文尔雅》原本也是一件找乐子的事。二零零六年，我开始从《尔雅》中拣选那些多少与当代现实或古典阅读记忆有关联的名物或词汇，拉拉杂杂整理出个条目，像厨师一样，把多年来的读书笔记资料当作食材，以散文的手法，逐一烹制小鲜，一烹就是三年。书面世后，不断有各种评论文章出现，每篇书评都让我感到新奇，从不同的层面重新认识这本书和我自己。有人认为这本书是在阐释名物，有人说作者是在缅怀童年故乡的瓜棚山野，有人说此书是对训诂家之于草木虫鱼的解说进行敷衍引申……其实龚鹏程先生看得清楚："其路数其实不是由《尔雅》来，而是从《诗经》来……沐斋重新回到诗的传统，借物起兴……来表达他对人生世相的看法，让这些名物再度成为文学。"

文学，才是我的旨归啊！所谓文以载道；所谓文质彬彬，然后君子。"文学"，而今显得如此荒芜孱弱的字眼，正是我们文化的命脉所在啊。不仅诗词歌赋是文学，学问文章是文学，一切经史也都是文学。《庄子》是文学，《坛经》是文学，四书五经无不是文学。中国的文化，倘若离开了中国人自己的文学，还成什么样子呢？如空谷幽兰般孤独芬芳的文学，还有多少人愿意问津呢？国学需要复兴，但不能光是形式上的复兴、面子上的复兴，心灵的复兴才是我们知行合一的旨归。文学是内在的魂，经由方块字堆砌出的精神建筑才不朽。

此次修订，新增了昔年替补的旧作《乌鹊》，重写了《棠棣》《木瓜》等篇，其他各篇也都做了适当的修改。书中画作除个别为纪念情怀而保留外，均为新作。在此，首先感谢上古编辑们的敬业精神和勤恳踏实的工作，他们历经近两年严谨求实的编辑校对，才使焕然一新的小书即将付梓。其次，要特别感谢我的家人和亲友，二零一七年，母亲罹患重病做了手术，服侍家慈期间，在她非凡的乐观和勇气的感召下，在亲友的陪伴和激励下，我集中夜里所有空余时间一点一滴勉力完成了全书的增写和修订工作。没有大家的爱和支持，这些任务我无法完成。最后，深深感谢《温文尔雅》的老读者们，十年光阴一路相伴走来，风风雨雨中我们的青春远逝，人书俱老，但热爱传统文学之心永远年轻！祝福大家，祝福我的亲人：温文尔雅，快乐安康！

甯巽
己亥春分于北京晼庐

读沐斋《温文尔雅》

温文尔雅，是个形容词，多半用以形容君子的风度，有时也描述文章，说某人文章尔雅。

沐斋文如其人，均是温文尔雅的。温柔敦厚之诗教，这个温字便极难达到。文，则是说它文雅又有文采。文采之采，本有绚丽之意，但写文章不难于繁彩富艳，而难于采缛藻绩之中动合雅度。沐斋之文，就有这个特点。

至于尔雅，在温文尔雅这个词里，或许只是表示着雅的意涵。不过，沐斋别具心裁，竟真由《尔雅》发展出一篇篇散文来，令人眼睛一亮。

《尔雅》号称五经之筦键，乃训诂之渊薮，是对各种物事的解释。释天、释地、释宫室，本是讲汉学考证者的基本依据。沐斋则就历来训诂家对草木鸟兽虫鱼等的解说敷衍引申，或缘情言志，或析理论事。

但其路数其实不是由《尔雅》来，而是从《诗经》来。孔子即曾说过读诗之法可以由"多识草木鸟兽虫鱼之名"入手，后世陆玑《毛诗草木鸟兽虫鱼疏》、蔡卞《毛诗名物解》、许谦《诗集传名物钞》等，蔚为一大门类。不过那些书大抵仍是考释语言、分辨名物，跟考证古鼎彝器物相似，文趣不多。近世日本汉学家吉川幸次郎曾建议由此发展出"名物学"，认为可做衣服考、饮食考、工艺考等，亦未谈到可由这些考证材料来帮助文章的事业。沐斋重新回到诗的传统，借物起兴，由考证舟、烟、乌贼、螽斯、牡丹、梧桐、棠棣、杨柳、蟥子、覆盆子……来表达他对人生世相的看法，让这些名物再度成为文学。

我很喜欢这种写作进路，也喜欢他温雅的文风。本拟就此再多予深论些，然旅途之中不容肆笔，便如此简单谈谈罢！

龚鹏程

己丑酷暑，谨识于山巅水涯

风子斯文
——序《温文尔雅》

我与风子相识，倏忽光阴三载。

三年前的初夏，新浪邀我开博客。开博不久，便有一位署名"泊之"或"风子"的客人经常惠顾我的"客厅"，留言中的所议所论不仅洋溢着思想的帅气，而且透着这个时代难得的斯文。对这位文质彬彬的独特客人，我有一种想了解的好感，但还是打住了"请问"，只是因此努劲儿寻隙回访，以期不失"礼尚往来"的斯文。就这样，我们开始了往来。

他的"客厅"打理得真好。诗、书、画、文，琳琅满目，文采郁郁，都是清一色的自家作品和自家面貌，且常更常新，以至宾客如流、人气旺盛，赫然留下天文数字一般的点击率。他还在网上围了一个"圈子"，自做"圈主"，发起所谓"新士人运动"，邀同侪切磋交流"士人精神"，他说："当代的士人，应该拥有精神的饱满和心灵的自由。"

对我这种年龄的人来说，坚持 blogging 是件颇为奢难的事情，因为得花极多的时间才能弥补打字和操作方面的笨拙，所以几个回合下来，我就失掉了"斯文"——来多回少。好在风子善解人意，主动提议由网上改到地面相见——至少于我而言这是个"奇遇"，因为网上的故事，一般只限于网上。然而，我和风子，却例外地把故事延展到了网下。

地面上一晤，嘿，人如其文，好一个文质彬彬的帅小伙——北人南相，说的就是风子了吧！比之于网上那个自谓"浪里个浪"的"浪漫主义者"，生活里的风子是一个有很强责任感的现实主义者，或如他所谓的"现实主义的理想主义者"。他不仅于工作兢兢业业，还非常孝敬高堂、提携小妹，在难能的"忠孝两全"中努力作为。说实话，我非常欣赏这种有理想又践行、既奉公也事亲的人格。

风子天资聪颖、性情温和，有良好的家学陶养，且勤奋自持、好学向善，养成一种自然而然的斯文气质、风流气度。他精研文人四艺，职场之外，于诗文书画方面特别用功，并有可喜的成就，是名副其实的当代才子。

风子作文，没有太多的雕琢，夹叙夹议，娓娓道来，文风意象清新空灵，散淡的笔致中透着悠悠的清隽之美；风子习书，师魏碑，学苏黄，临八大，结体中收外放，用笔率性流畅，笔势生动而有爽爽风气；风子绘画，纯然文士自娱一路，了无功利挂碍，任凭书法用笔随意写来，画里尽是一己恬淡而活泼的生活，充满盎然现代情趣。

儒士崇尚"据仁游艺"，风子的作品格调不俗，因为他胸怀器识，腹有诗书。风子的画几乎不画古人，但韵致又何曾远离古人？那份情怀反是益加生动真切。古人赞赏文人画逸品之高妙："令观者兴趣深远，若别开一境界。"（李修易）读风子的文与画，我们时常有会心的惊喜、真诚的愉悦，因为那些作品是活的，有生机，有思想，有禅趣。

该书写的画的尽是花鸟草木虫鱼，却无一不是在写人心、写情感、写文化、写事理。位尊儒家十三经之一的《尔雅》，在宋朝，成为宋徽宗钦点的国家画院师生的必修课。为什么要求画家熟读《尔雅》？这个问题大概也值得当代人深思。

风子用"尔雅"方式写自然、写社会、写人生的几十篇文章和一些书画之作，这就结集出版了。我为他取得新的成果而高兴。姑且为序的这些文字，未必切合文集内容，不足以导读风子的著作。中国人素重人文关系，人有斯文，《温文尔雅》何尝不是。相信读者读得出来。

吕品田
2009年7月19日于北京
中国艺术研究院

目 录

再版小引／005
序一／007
读沐斋《温文尔雅》……龚鹏程

序二／008
风子斯文——序《温文尔雅》……吕品田

草／001
的、烟、葵、艾、覆盆子

木／033
栩、杨柳、蒲柳、白杨、梧桐

虫／075
小强、蟋子、螽斯

鱼／093
鱼甲、活东、乌贼

花／107
荣华、木瓜、牡丹、棠棣、苹果

鸟／147
乌鹊、鸤羽、春锄、啄木、燕、狂

其他／205
眠、卧、逴、舟

跋／223

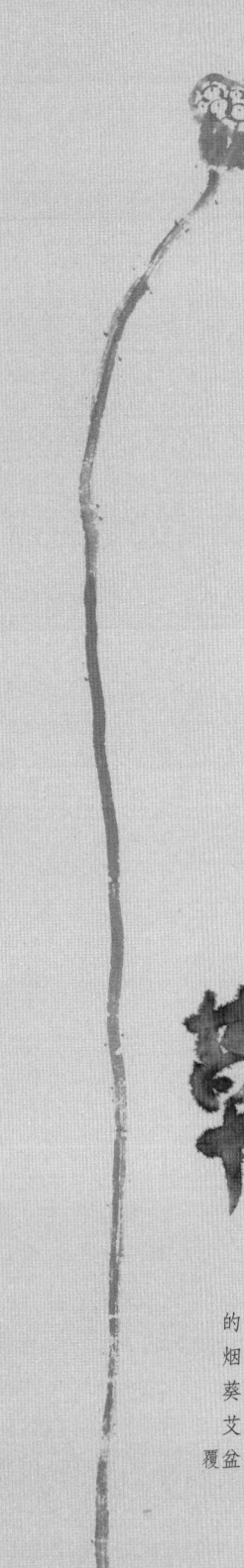

草

的 烟 葵 艾
覆 盆 子

的

的,薂。
——《尔雅·释草》

《尔雅》之"的",亦作"菂"。其字源一样,古代都写作"旳",从日,意为鲜明,有时用来形容美女的嘴唇。你看宋玉《神女赋》的这句:

眉联娟以蛾扬兮,朱唇的其若丹。

就是说,仙女虽然不用"美宝莲",唇部照样熠熠生辉。今人所谓唇彩不过如此,可惜迄今为止尚无一家现代化妆品公司将自己生产的唇膏命名为"的"的。和大多数"日部"的汉字一样,"的"的本义其实是"白"和"光明",进而引申出鲜明、亮点、子、籽粒等丰富的含义。由此,《尔雅·释草》的这段解释就更易理解:

荷,芙蕖。其茎茄,其叶蕸,其本蔤,其华菡萏,其实莲,其根藕,其中的,的中薏。

古人对荷花如此熟稔和喜爱,以至于给荷的每一部分都单独命名,不厌其烦:荷又称芙蕖,荷梗叫做茄(jiā),荷叶叫做蕸(xiá),荷花叫菡萏,荷实叫莲,亦即莲蓬,其中的莲子称作菂(dì),莲子心则曰薏。除此之外,《尔雅》又给出了莲子的另一个称谓:"的,薂(xí)。"薂和旳,古音相似,是为一音之转。

莲子的雅号可谓命运多舛:"薂"已基本消失,"的"广泛地生存,却早已是风马牛不相及。读音、字义和用法一变后,"的"成了现代汉语中运用最广泛的汉字,也算新文化运动缔造的奇迹。

从形容美女的芳唇到荷花的莲子,美好的"的"现如今半点诗意也无。但是,

莳
创作时间:
    2017年

"的"还是和美好的感觉有关,起码,我们管一切食物叫做"吃的",至于珍馐美味那便是"好吃的"。莲子的确是一种好吃的东西,莲蓉、莲子粥和糖莲子自不必说,还可入药。中医里,莲子和里面的胚芽分别入药,"的"称为莲子肉,可以养心安神;"薏"称为莲子心,能够清火生津。

莲的药用价值与它的外观确实表里如一。不光宋代理学家周敦颐赞美它"出淤泥而不染,濯清涟而不妖",佛教更是奉莲花为圣洁之物,所谓一花一世界,莲作为花之君子,似已达成中外共识。就像火红炽烈的咖啡豆可使人兴奋,洁白安详的莲子让人心旷神怡。

正如荷花有白荷红荷之分,莲子也有白莲红莲之别。虽说红莲熬粥更具滋补效用,但相对那种把饱满圆润的莲子扔到黏黏的糊状物里,成就一锅之天下,我更愿意享受手把莲蓬,一粒粒剥出来品味的欢乐。辛弃疾笔下"最喜小儿无赖,溪头卧剥莲蓬",描绘的是一派天真的清平之乐,而那首著名的古乐府《西洲曲》,表达的却是纯洁隽永的爱意和哀而不伤的淡淡春愁:

采莲南塘秋,莲花过人头。低头弄莲子,莲子清如水。

荡舟采莲的女子深深思念着她远游的爱人,倾述起来却是如此含蓄,那份情感的牵挂如烟似雾,若有若无。从此以后,莲舟便成为一个文化意象,承载着无数才女的情愁。一代才女李清照,这样抒写对夫君的思念:

红藕香残玉簟秋。轻解罗裳,独上兰舟。云中谁寄锦书来?雁字回时,月满西楼。 花自飘零水自流,一种相思,两处闲愁。此情无计可消除,才下眉头,却上心头。(《一剪梅》)

红藕指的当然不是藕,而是花。虽然《尔雅》叮嘱人们,荷的根、茎、叶、花朵、果实各自有那么多的专有名词,可稍后的古人就没了那份耐心,随便拈来一个字眼,都是指荷花。不过这倒正合了禅宗的本义,来看下面这则公案:

僧问智门:莲花未出水时如何?

智门云:莲花。

僧云:出水后如何?

智门云:荷叶。

中国的禅并无神秘,看主客言语交锋,你来我往,云山雾罩,如食春笋,剥却外衣,转头倒卧,咀嚼一番,无非两个字:机智。

所谓机智,非凡夫之智,机灵巧智不足道,乃机锋与智慧也。就事论事,有一说一，那是俗人的做法。高手过招，绝不拘泥于此道。所以虽然是沙门僧客说道，也不必囿于佛理。你若偏向佛经中钻，反倒入了旁门。禅宗所论所言，其实都是日常生活的白话。生命的本质在于虚妄的真实，落脚点，其实还是真实，离开地球，弄什么都是空穴来风，无论对语言本质，还是生命价值，都毫无裨益。

和尚问智门法师，莲花未出水时是什么？智门的回答是：莲花。若讲事实，莲花出水之前，莲花只是个假设，有的只是莲藕。但莲花实际上是个先验的存在。因为莲花之所以为莲花，是因为它诞生在莲藕上，依托于藕这个本体。倘若开在土豆上，那就是马铃薯花，长在树根旁，那可能是蘑菇，或许是狗尿苔。

惟名不同而已，其实质都一样。所以莲花就是莲花而已。按照符号学的理解，莲花也只是个漂浮的能指。它的名称是人为设计的。如果当初莲花就叫做土豆，那么也并无不同。但是因为莲寄寓了庞大渊博的文化元素，它事实上已经成为一个文化载体和媒介物。所以人们往往认为莲花这个名要比土豆这个名高尚和纯洁。哪有这回事？

可以是土豆，也可以为莲花。但是，当马铃薯花开放在水面上，人们必然轻叹道：多美的莲花啊！区别仅仅在于人们肉眼所见，嘴巴所云，心思所想，千夫所指。

一旦莲花开出了水面，人们想当然地认为那当然就是莲花了。然而智门却话锋一转脱口道：荷叶。所谓见花不是花，见叶不是叶。其实智门的心里，实在是将那叶与花看作一物的，但他偏要指鹿为马，提醒梦中人。不着于相，色不异空。从大千世界眼光来看，就连莲花与土豆都没有差别，更何况同生于莲藕的花与叶呢？

也许，荷叶比莲花更真实。但是，真实的未必是人们想要的。毛姆的《月亮和六便士》里写到一个画家，很意外地，由于风流绯闻而声名鹊起，润格飞涨，他儿子感到恼怒，澄清了父亲的清白，于是再次很意外地，画家的作品跌入谷底，无人问津。

生在尘世的莲花，每一朵都有它伤心和快乐的理由。然而荷叶安慰莲花的动作和声响，很少有人听到。

八大山人在1693年前后书写的一通行楷册页中，题诗数句：

一见莲子心，莲花有根柢。若耶擘莲蓬，画里郎君子。

书法显示出八大一贯的沉静凝练的笔调，不疾不徐。那份有力而朴素的宁静和生命律动的气息，透过纸背扑面而来，宛若莲花的禅意和清香。

作为莲子的"的"早已隐遁入历史的尘埃,即便在明末清初的八大之前的之前,就已经不常用了。不过也幸好它不常用了,不然当作为主人的你,向宾客们宣布这句话时,他们该作出怎样的神情:

今天我请大家吃的这种好吃的吃的就是的……

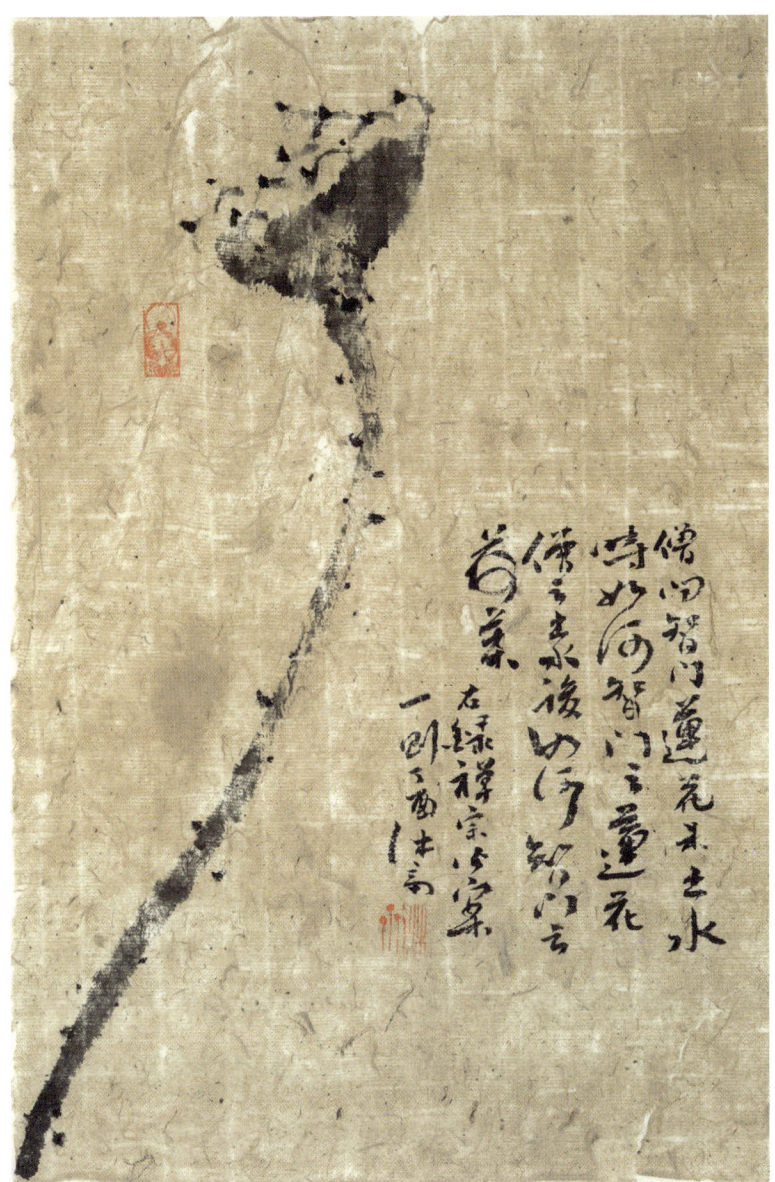

禅莲

款题:
　　僧问智门:"莲花未出水时如何?"
　　智门云:"莲花。"
　　僧云:"出水后如何?"
　　智门云:"荷叶。"

创作时间:
　　2017年

烟

> 啮，彫蓬。
> ——《尔雅·释草》

烟酒茶不分家，可是烟远没有那哥俩幸运。酒与诗意相伴，茶与文化相随。香烟没能名垂青史，反而惹人歧视，从根本上来说，缘于中国传统文化的断层，这是件悲哀的事情。

酒文化源远流长，茶文化紧随其后，历代文人墨客浸淫茶酒，挥毫泼墨的文本和典故不可胜数。香烟呢？只能怪自己生不逢时，既属舶来品，又姗姗来迟，来得不早没关系，偏偏来得不巧。

16—17世纪，烟草兵分两路传入中国。南路约16世纪中期由吕宋（菲律宾）传至广东、福建；北路约17世纪初由朝鲜传至东北。其时在中国已经是明季，按照黄仁宇所持的大历史观视角看待，已是中华第三帝国的中晚期。可以设想，如果烟草哪怕稍早一点点，有幸生于两宋，其形象、地位与命运，呈现别样的面貌是大有可能的。

相对于别的朝代而言，宋代的士大夫待遇好，养尊处优，有更多的精力和闲情倾注于闲事。虽然贺知章、李白那些人也沉醉美酒，号称饮中八仙，但是唐朝，时代的主流是高歌猛进的，它所呈现的文化特质也是宝相庄严，四平八稳：书法虽有笔走龙蛇的颠张狂素，但到底以宽博雄壮的颜真卿为代表；绘画纵有逸笔草草的文人画鼻祖王维，却终归以擅威严逼真的人物画，佛像妙手的吴道子为圭臬；诗歌虽有太白的风流超迈，但还有个无比沉郁的老杜铁着脸在那挺着。一句话，颜、吴、杜才是主旋律。

而宋代完全是另外的景象，仅拿酒来说，宋代文豪没听说不好这口的，不但好这口，诗篇里更是少不了。范仲淹《岳阳楼记》"把酒临风，其喜洋洋者矣"，欧阳修《醉翁亭记》"醉翁之意不在酒，在乎山水之间也"。苏轼更不必说，诗词，"明月几时有，把酒问青天"，一醉而成千古名句；书法，《黄州寒食帖》，一醉而成"天下第三行书"；文章，前、后《赤壁赋》，酒气弥漫于山高月小、东方既白。所以，我可以断定，假若老苏这帮人遇到香烟，一定会爱上它，一定大有文章可做，香烟的形象将大为改观，《后后赤壁赋》将应运而生，"点烟临风"大概点不着，但"拈烟问青天"是完全可以实现的……

不过，香烟最初传入时，并不叫烟，而叫"菰"，完全是符合"信、达、雅"的音译：淡巴菰（tobacco）。《尔雅》及其后代的注释者中当然都不可能有关于烟草的记载，但是关于这个"菰"却隐含地存在，而其所指的则完全是另外一种东西。

菰，就是今天菜市场里常见的茭白。《尔雅》中称其为"啮"、"彫蓬"。然而最早的时候人们食用茭白的方法和今人完全不同，人们吃的仅仅是它的种籽——菰米最开始跟大米高粱小麦等五谷杂粮一样，是被华夏先民奉为主食的。但很快人们发现侵入了特殊细菌的菰米嫩茎作为蔬菜更为可口，于是菰退居二线，成为副食，其名称也真的名副其实起来："啮"，有口感，有声效，形象而生动。值得留意的是，菰绝非泛泛之辈，它可不像假借其名的烟草的命运那般凄楚，菰是个十分有文化意蕴的象征符号，其声名显赫，几乎不在茶酒之下。

这份功劳要记在晋人张翰的身上。《晋书·张翰传》：

翰因见秋风起，乃思吴中菰菜、莼羹、鲈鱼脍，曰："人生贵得适志，何能羁宦数千里，以要名爵乎？"遂命驾而归。

该故事也见于《世说新语》。魏晋是中国历史上有名的乱世，苏州人张翰在洛阳为官，官当得怎么样我们无从了解，但是张翰做了一件使他名垂千古的事情，那就是辞官归乡。按说文人辞职屡见不鲜，不是啥了不得的壮举，正符合孟子所谓"达则兼济天下，穷则独善其身"的主张，但是张翰避世的借口很精彩,他说他想归隐的理由是在北方当官吃不到老家的三样菜,哪三样菜?茭白、莼菜汤和清蒸鲈鱼。这一下不得了,不但这三样菜从此声名远播,后代以此入诗者更是数不胜数,"莼鲈之思"成为思乡之情的代名词,而张翰、秋风、菰菜、莼羹和鲈鱼脍则成为后世诗词语境原型及文化意象。

张翰一句话就成为天下偶像。对他的崇拜最晚在唐代已经开始了,书法家欧阳询有行楷《张翰帖》(今存北京故宫博物院),但是宋代(注意,又是宋代),张翰和他所营造的意象不厌其烦,反反复复地海量出现在文人的诗篇里。二流诗人乃至三流四流不必举,顶级选手苏轼、陆游、辛弃疾都有这样的"茭白之作",比如辛弃疾那句著名的"尽西风,季鹰归未"。

张翰辞职事件总让我联想到陈丹青,前几年,陈老师与清华美院决裂,拂袖而去,其快意潇洒不逊于前辈张翰,而其数本散文集也迅速惹来大众追捧和垂青,也算"张翰现象"之当代版。陈的画绝好,文字亦佳,但若少了这份张翰式做派,我揣测芸芸众生未必去疯狂热啃他的茭白。

按说,今天我们拿手中的筷子夹一片油焖茭白时,那感觉无论如何比不得指间拿捏一支烟吞云吐雾般朦胧而近诗意。不过,"吸烟有害健康"是世界性的公益警告,这是不容回避和否认的事实。何况正如并非所有酒鬼都能作诗,并非所有烟民都举止优雅。

以前看电视剧,警察没有不抽烟的,好像这烟卷不抽,案子就办不好,后来广电总局感觉人民公仆带头吸烟社会影响欠佳,于是责令,以后拍剧,不准警察叔叔抽烟!戏里的警察虽然不抽了,写戏的作家继续抽。某名作家就说过,他写作时要是不抽烟,一个字也码不出来。说到底,烟跟酒一样,也是促发文人灵感的尤物,妙不可言。其实这感觉,古人早就有。

自打烟草传入中国起,与对待美酒和清茶一样,染指了它的文人墨客就开始热情吟诗作赋讴歌它了。

清朝王士禛在其著述《分甘馀话》中写道:

韩慕庐(菼)宗伯嗜烟草及酒,康熙戊午与余同典顺天武闱,酒杯烟筒不离于手。余戏问曰:"二者乃公熊、鱼之嗜,则知之矣,必不得已而去,二者何先?"慕庐俯首思之良久,答曰:"去酒。"众为一笑。后余考姚旅《露书》:"烟草产吕宋,

季鹰思鲈图
创作时间:
　　2016年

本名淡巴菰。"以告慕庐，慕庐时掌翰林院事，教习庶吉士，乃命其门人辈赋《淡巴菰歌》。

按照现在人的理解，韩菼是典型的资深烟民兼酒鬼，整天烟不离手，酒不离口。当同僚王士禛戏问他如果非要在烟和酒之间做出抉择时他会放弃哪一样，韩菼沉思良久才回答：戒酒。他对烟酒的迷恋是那样地充满了文人的纯真和可爱，以至于当得知烟草的由来后，兴奋不已，给他手下的翰林院的研究生们开出命题作文：《香烟之歌》。

我想老韩自己也一定吟诵了不少关于烟的诗文，只可惜执掌翰林的韩导和他的学生们的这些诗歌和作文本永远见不到了。和李白苏轼等前辈们爱酒一样，清朝的翰林院导师和院长们都纷纷喜爱上了香烟，除了韩菼，最著名的要数电视观众们熟知的纪大烟袋纪晓岚。

纪晓岚就是"嗜食淡巴菰"的……纪晓岚总纂四库全书时，叫人把书页平摊在一个长案上，他一边吸烟，一边校读，围着长案走一圈，一篇《四库全书总目提要》就出来了。（汪曾祺《烟赋》）

也许，在编纂《四库全书》的漫长岁月里，纪昀确实抽了大量的烟，这跟如今我们对着电脑码字的情景遥相呼应，贡献没法比，但性质相同。同为翰林执事，韩菼是纪昀的前辈。然而纪昀做到了大学士，才能不输于他的韩菼却没有那份福分。

韩菼这个爱烟爱酒的正直文人，因为他的才华，康熙一直赏识他；也因为他的才华，注定在险恶的官场中遭受小人倾轧。渴望归隐的韩菼数度辞职不成，回到家乡青山绿水间埋头抽烟喝酒搞创作的心愿至死没有实现。最后一次请辞，康熙说："你的表现欠佳啊，老韩同志！平时不好好上班，人家说什么你都没个自己的意见；叫你带研究生，你却整天带领这些青年才俊抽烟喝酒扯闲淡，据说还要他们唱什么《香烟之歌》？您这是在培养研究生啊，还是烟酒生啊！我不能批准你辞职，因为你的贡献远不及你的才华！你还是继续工作，将功补过吧。"

八个月后，韩菼死在工作岗位上，官职为礼部尚书，享年六十八岁。我不知道被最高领导批评后的老韩，是否戒了他的烟。

我觉得他没有。然而这已无关紧要，因为经过这件事的老韩，我猜想他嘴里的烟草没了味道，他写就的烟草之歌已付之一炬。老韩的那个年代，乃至更早——从烟草传入中国前后算起，中国人的思维世界、文人的创新精神，早已在愈加沉闷的大环境氛围里压抑、消褪，变为低闷的苦吟和无声无息。

我们来看美国学者刘子健对南宋之后的中国性格"转向内在"的论断：

生命力在消退，首先是从政治领域，然后是从思想文化领域，接下来，这种受压抑之后的谨小慎微的情绪向精英文化的其他领域弥散开去……中国传统文化的模式由此发生了永久性的转变。（刘子健《中国转向内在》）

韩荄个人的悲剧只是个缩影，更大的悲哀对于整个文化体来说才只不过是个开始。晚清民初积贫积弱的近代中国，悲哀的何止是文化。当外国侵略者的炮火轰醒了民族的泱泱皇朝梦，宋朝士大夫充满禅意的吟哦再也不见，闲情逸致和优雅从容成为历史的背影。连祖先士人们世代赖以生存的文言，也终于被白话取代——谁也不能粗暴地怪罪新文化运动，只是我们必须正视现实——我们与传统文化相联的血脉已被生生折断，我们该去怪谁？

值得注意的是，事实上，烟草传入欧洲的时间与中国基本同步。这就更验证了本文假设的观点。16世纪，正是西方文艺复兴的鼎盛时期，伴随着地理大发现、殖民主义和资产阶级生产生活方式的确立，欧洲文明正如日中天。这就足以解释为何西方相对而言有着丰富的"烟文化"，而中国没有或缺失。手持烟斗、饱含智慧的形象几乎成了那些文豪、政客、侦探、思想家和哲学家的招牌和标志——无论萨特、福柯、爱默生、丘吉尔、爱因斯坦、虚构的福尔摩斯还是海明威。而马克·吐温的一句话更诗意、大胆而惊人："如果天堂里没有烟斗，我宁愿选择地狱。"

关于烟草，我们几乎听不到中国文人的声音。中国最杰出的知识分子们再也没有时间和精力为一根小小的烟草赋诗谋篇。为淡巴菰献歌的兴趣，在浩荡的中华文化长河里，才刚刚漂了朵水花，就永远消失了。我们仅能瞥见零星的清人的诗，比如汪师韩《律诗四首》："瑶草耕烟岁取资，黄云叶叶柳丝丝。茅柴霁景编篱簿，筐筐宵分析缕迟。""偶共香烧性已谙，一枝煜焰手频担。方言有底争衡酒，诗境无聊作配兰。"比如钱大昕《咏道中所见草木》："小草淡巴菰，得名盖未久。移栽始闽峤，近乃处处有。烈日炙叶干，黄丝细如绺……"时间，一切让位给时间。——本文的落脚点仅在于此，倘若哪位读者认为这是篇号召人民吸烟的檄文，那是他的见解，与作者无关。

往事如烟。说的是烟云，但那感觉又何尝不似手拈烟卷的轻轻一吐。如烟也好，不如烟也罢，历史的书页每天都在翻过，新的一页在徐徐翻开。不知为什么，我常想到鲁迅，那个捏着烟斗的沉郁、凌厉、深厚、生猛而幽默的老人，合拢纸笔，吐出旧夜里最后一口烟，说起坐在酒楼上的吕纬甫："只向我看了一眼，便吸烟，听凭我付了帐。"而窗外：

天色已是黄昏，和屋宇和街道都织在密雪的纯白而不定的罗网里。（鲁迅《在酒楼上》）

创作时间: 2008年

葵

> 蔠葵,蘩露。
> ——《尔雅·释草》

黄昏窗外风雨大作,餐桌香气扑面袭来,我在思考一种蔬菜。

青青园中葵,朝露待日晞。阳春布德泽,万物生光辉。常恐秋节至,焜黄华叶衰。百川东到海,何时复西归?少壮不努力,老大徒伤悲。(《艺文类聚卷四十二·乐部二·古长歌行》)

当我们把那些"青青"的葵当作向日葵的时候,我们已经离传统非常遥远了,换句话说,我们太不"雅"了。《尔雅》中,关于"葵"的名物很多:菟葵、蔠(zhōng)葵、楚葵、戎葵、杜葵……

"葵"不是花朵,而是蔬菜,古时候最重要的蔬菜。《齐民要术》以《种葵》为蔬菜第一篇,《植物名实图考》中称其为"百菜之主",地位相当于今天的大白菜。不同的是,"葵"在我们祖先的饭桌上摆放了几千年,如今的蔬菜没有任何一种可与之相比,同样地,也没有任何一种蔬菜被我们淡忘得如此之快。

《诗经·豳风》:"七月亨葵及菽。"《说文解字》:"葵,葵菜也。"葵菜,又名冬葵,即《尔雅》里所说的蔠葵(冬、蔠皆一音之转),锦葵科锦葵属,俗称冬苋菜、冬寒菜,今日仍广泛分布于湘鄂赣、云贵川等地。据说汪曾祺老先生当年读《十五从军征》"采葵持作羹",心生疑窦,直到在武昌见到古书中的"葵"才了却了一桩心事。

汪老说葵的滋味酷似木耳菜,不错。《尔雅翼》写"葵为百菜之主,味尤甘滑",

木耳菜学名落葵，口感也是如此，但跟"葵"并没有什么亲缘关系，只因为能吃，所以硬往"葵"家族上靠。这不奇怪，历史上，葵家族异常显赫，冬葵的亲戚们，古代多是蔬菜，今天却都戏剧性地摇身一变成了花朵。

这真像一个史诗般的寓言。在这场渐变的、混杂着突如其来的剧变的革命进程中，曾经的核心人物冬葵，继续扮演着保守派的角色，下定决心将"蔬菜"的旗帜坚持到底，而那些小辈、属下和远房亲戚们却纷纷转向自由派的阵营，花枝招展地成为光荣的"群芳"……

宋人罗愿说："道家之法，十日一食葵菜，所以调和五脏。"冬葵作为葵族领袖，功力显然不凡。更神奇的是它的采摘之法，古人所以称其为露葵、繁露，缘于摘葵必待露解，农谚有云"触露不掏葵，日中不剪韭"，这便是古诗"朝露待日晞"之本义。说完百菜之主，我们再来看一看这些葵家族自由派的名单吧：

蜀葵、锦葵、木槿、扶桑、芙蓉、玫瑰茄、草芙蓉、秋葵……

蜀葵，俗称一丈红，《尔雅》中又名戎葵。我一向认为她和锦葵多少有点"盛名之下，其实难副"，唐诗拿她比附牡丹，明人颂之品格高洁。东北人管蜀葵叫"大葱花"，锦葵叫"小葱花"，多少揭穿了她们俩原本"蔬菜"的身份——就如大葱小葱一样，是可以折来蘸酱下饭吃的。然而，文人墨客追捧此卉，诗歌不厌其烦，画家也来凑这个热闹，描绘蜀葵的画作自宋至今，乐此不疲。

情有可原的是木槿和芙蓉，人家原本也没打算让人下饭吃，花朵开得也是姿容俏丽，值得歌颂。但据说，韩国和日本人，还有拾木槿花来烹饪或泡茶的。木槿是韩国的国花，彼国人喝国花喝的是情愫。至于玫瑰茄，那是都市丽人们手中的一杯饮料，依旧去"吃"未远。

葵的命运也许真的凄楚。曾经的百菜之主，上品珍肴，湮没在历史洪流过后的荒野里，无人问津。随着这个昔日族长光辉的覆灭，它所统率的辉煌家族，如今抵不上一株阳光下闪烁着金光的向日葵。

不妨顺便说一下尽人皆知的向日葵。向日葵乃菊科植物，花可赏，籽可食，原产美洲，明朝时引入中国。最早见诸王象晋所著《群芳谱》，但当时尚无"向日葵"一名，而曰"丈菊"。至于"向日"之名，则见于文震亨的《长物志》。

巧合的是，中国原本的菜王冬葵，也有"向阳"的特性。这种特性被不断

希望
款题:
　　丁酉冬日,与母亲再合作此图。祈家慈安康。
创作时间:
　　2017年

人格化，成为高尚的象征。

首先是智。《左传》记载成公十七年，齐国鲍牵被刖，孔子评曰："鲍庄子之知（智）不如葵，葵犹能卫其足。"魏晋杜预注说："葵倾叶向日，以蔽其根。"据说冬葵喜生长于阴湿处，根茎畏日晒，其叶片乃张垂遮挡以覆卫之。因为葵性向日，所以孔子以比人之智不如葵。

其次是诚。汉代刘安的《淮南子》进一步颂扬了葵菜的品格："圣人之于道，犹葵之与日也。虽不能与终始哉，其乡（向）之诚也。"真实无妄，至诚无息，诚是儒家尤其是宋代理学最推重的君子品质，可见葵之德何其大。

再次是忠。唐代杜甫诗："葵藿倾太阳，物性固莫夺。"诗人又以葵菜自比忠心，为人之道莫非诚，事君之道莫非忠。一种蔬菜而兼具智、诚、忠三种高尚品性，冬葵作为百菜之主，不论济世或立德，无菜能出其右了。

即便如此，历史洪流之浩荡只是冷漠无情。向日葵与历史上的葵家族毫无瓜葛，却自清代以后生生替代了整个葵王朝的名誉——也许这才是万物，乃至整个宇宙的宿命所在。生生不息，周而复始，新胜旧汰，冬去春来。

一千多年前的唐代大诗人王摩诘，不经意间吟咏出这样的诗句：

积雨空林烟火迟，蒸藜炊黍饷东菑。漠漠水田飞白鹭，阴阴夏木啭黄鹂。山中习静观朝槿，松下清斋折露葵。野老与人争席罢，海鸥何事更相疑。（《积雨辋川庄作》）

木槿花朝开暮落，冬葵菜露尽而摘。诗人王维并不知晓这一花一菜，在植物学谱系中竟是同科亲属，却神奇地将它们安置在一处。在我眼里，这像是一句微妙的注脚，吐纳着造化的玄机：花朵摇曳的木槿，朝露已晞的冬葵，在诗人幽雅平淡、漫不经心的诗句中相遇。

摩诘折葵图
创作时间:
2016年

艾

> 艾，冰台。
> ——《尔雅·释草》

艾，就是艾蒿，它最早出现在古老的情歌中：

彼采葛兮，一日不见，如三月兮；彼采萧兮，一日不见，如三秋兮；彼采艾兮，一日不见，如三岁兮。（《诗经·采葛》）

历史上艾蒿一出场，就先跟浪漫的爱情有了关联。"一日不见，如隔三秋"，由此而来。不过诗中的葛、萧、艾绝非柏拉图式的爱情，它们是三种有用的草：葛的纤维可以织布，茎用来编篮搓绳，根可以制成葛粉食用；萧泛指所有蒿类植物，《说文解字》说萧就是艾蒿；而艾蒿的好处就更多了，不但有实际用途，还有象征价值。

先说实用价值。艾的嫩叶可以食用，甚至制成各种小吃如艾糕、艾酒、艾粥；而艾的老叶是制作艾绒的材料，艾绒是拿艾蒿的老叶捻成的细丝，供中医针灸治疗，所以艾又名医草、灸草，《本草》注："医家用灸百病，故曰灸草。"《毛诗传》说："艾，所以疗疾。"

此外，对我来说，艾绒还有一个不容忽视的用途——它是制作印泥的底料。笔墨纸砚，号称文房四宝。事实上，中国文人的案头，离不开的宝贝可远不止这四样，写诗作画必须落款，落款必须钤印，钤印没有印泥怎么成？上好的手捣印泥，离不开朱砂、印油和艾绒。

《尔雅》阐释："艾,冰台。"为何叫冰台呢?西晋人张华的《博物志》讲得清楚:

削冰令圆举以向日,干艾于后,承其景则得火,故曰冰台。

拿冰磨成凸透镜,透过阳光对着艾绒可以取火,所以有冰台之名。这个解释很有些牵强,至少不能令我满意。然而不管怎么说,在我眼中,艾蒿的古名恰是优雅而贴切的:冰台——艾蒿独有的那青白相间的颜色,正是冰清玉洁的表征。所以,《礼记》上说"五十曰艾",譬喻老者发丝青白,色如艾也,而老人也被尊称为艾人。"艾人"是指老人,"少艾"则是指女人。《孟子》有云:"知好色则慕少艾。""艾"的含义是美好,少艾,就是年轻貌美的少女或少妇。

但那个著名的词语"艾艾",却既非指很老很老的老人,也非指很美很美的美人,而是指结巴(学名口吃,俗称磕巴)。下面这则典故堪称经典:

邓艾口吃,语称艾艾。晋文王戏之曰:"卿云艾艾,定是几艾?"对曰:"凤兮凤兮,故是一凤。"(刘义庆《世说新语·言语》)

三国名将邓艾原名邓范,为避免重名而改"范"为"艾":范的本义是草,艾自然也是草——邓艾的"艾"正是艾蒿的艾。邓艾生平最大的缺点就是口吃。每次与皇帝对话时总反复自称"艾、艾、艾、艾……"艾了半天还没转入正题,于是皇上就逗弄他:"爱卿说艾艾艾艾……到底是有多少个'艾'啊?"

邓艾虽有生理缺陷,智商却是绝高。邓艾马上引用《庄子·人间世》中楚狂接舆对孔子所唱"凤兮凤兮"来作答:"凤兮凤兮,所以,是一只凤凰啦!"既然"凤兮凤兮"是指一凤,言下之意,我邓艾的"艾艾"当然也是一个艾了,就是我本人。

既明确地回答了上级的难题,又巧妙地化解了自己的尴尬,更无形中将领导比作圣人,自己比作才识非凡的凤凰——邓艾实在是天生睿智、冰雪聪明。

冰台,实在是艾蒿最美丽的别名。艾在作为"冰台"使用时,类似灯捻、灯芯和导火索。点燃的艾蒿,不但可以生火,还有驱蚊的效果。萧红在《生死场》中的描写很细腻很真实:

艾蒿的气味渐渐织入一些疲乏的梦魂去。蚊虫被艾蒿烟驱走。

想起我读书时，为迎战大考，初中高中都有晚自习，同学们经常奋战到深夜。夏日里蚊虫猖獗，老师就命令男同学上山割艾蒿，河畔折柳条，然后统一分撒在教室的角落用以驱蚊。或许是心理作用，印象中艾蒿和柳条的效果竟然比如今的蚊香还要好。不知道现今农村的学校是否还有老师教导学生们采用这个办法。

小时候家乡的山坡草地、野谷沟渠，经常生长着一片片挺立的蒿草。之所以说它挺立，实在因为蒿草名副其实：

蒿，草之高者。（陆佃《埤雅》）

蒿草有多种：白蒿、青蒿、牡蒿、臭蒿……其中艾蒿很少，但用处多，所以在蒿家族中，艾显得尤为珍贵，地位自然也要比别的蒿高一头，是"高草中的高草"。艾蒿最著名的用处是辟邪，这和一个著名的节日紧密相关，那就是端午。

清朝人写的《燕京岁时记》里说："端午日用菖蒲艾子插于门旁，以禳不祥，亦古者艾虎蒲剑之遗意。"端午节，屋檐插艾蒿是大江南北的风俗。艾草最先是被剪成老虎或扎成人的形状，所以又名艾虎、艾人和艾子。艾蒿和菖蒲、桃枝及雄黄酒一起，被认为是端午节辟邪、除秽、驱毒的祥物。

端午采艾的习俗由来已久，早在南朝时期的《荆楚岁时记》中就有记载："五月五日……采艾以为人，悬门户上，以禳毒气。"如今，人们都认为端午节是纪念屈原，可是有一件事不能不让我疑惑：端阳日祭奠屈原本无错，然而，屈大夫平生最厌恶的，正是艾草。

何昔日之芳草兮，今直为此萧艾也。（《离骚》）

屈原将芝兰和芳草与萧艾作对比，烘托了兰草，赞扬了君子的崇高美德；也贬低了艾蒿，决定了艾蒿是小人的命运。从此，拜屈大夫所赐，艾蒿有了难以洗刷的恶名，如"兰艾若不分，安用馨香为"（张九龄《在郡秋怀》）、"中园陷萧艾，老圃永为耻"（杜甫《种莴苣》）、"多少崇兰化萧艾，幽香毕竟在吾徒"（方文《即事》）……

艾蒿成为"非人类文化遗产"史上又一个著名的蒙冤者，成为道德沦丧、品质败坏的小人的代名词。然而，艾蒿并不委屈，因为，失之东隅，收之桑榆——

尽管在文人笔下它时常臭名昭著，可在现实社会里它是大众的宠儿，广受百姓的爱戴。

小时候最爱过的节日，除了春节，就是端午。记忆里的端阳节满是春天的味道，农历五月初五，山野绿，碧水清，百花盛开，一片大好春光。我们那里还保持着一些端午民俗，家家户户都遍插艾蒿、桃枝，用以驱邪；孩子们要佩带大人给缝制的香囊饰物，才会百病不生；饮食上自然还要吃粽子，雄黄酒却是不见得喝了。

艾蒿要上山去采割，这项工作成为孩子们的专利，既算是分担了家务，更多的算是种娱乐。每近端午，村里的孩子们就三三两两吆喝着挎起草篮拎把镰刀一路欢歌着上山去了，到黄昏时分就踏着晚霞喧闹着带回满篮子的艾蒿和野花野果。北方的这个时节，果园里的杏子正值饱满，虽仍然青涩，可小孩子们都愿意吃，酸酸的一口一个，于是果农们都要提高起警惕来。

深深记得某年端午节前一天，我和小伙伴登山割艾蒿。走上山坡，霎时，浓云滚滚，山雨忽来。我们大叫着闪躲进一家果园，下山时，迎面撞见了雨后上山的园主，惊慌失措间我们怀揣着偷来的青杏，顺着黄泥野径一路滚下坡，杏子也洒落一地。可同样是"滚"，那感觉绝然和从楼梯上滚下大为不同，太不同了。虽然当时很狼狈，但现在回想起来，记忆里却充满愉悦和温馨。

然而最温暖的场景却是母亲带给我们的。母亲在端午之前的一周便开始准备，选取五颜六色的布料和彩线，一针一线地手工缝制各种配件饰品：彩粽，桃子，辣椒，笤帚，笸子，荷包，橘子……还有系在手腕上的五色线。在端午的前夜，母亲把那么多五彩缤纷的小饰物一个个系在一根桃枝上，连同艾蒿一起斜插在屋檐外，我就躺着看那些美丽精巧的荷包彩粽布桃在星空下随风轻摇美美地进入梦乡。而待到第二天黎明时，还没醒，朦胧中感觉有人轻柔地握着我的脚，徐徐睁开眼，就见母亲充满了爱意温暖地向我笑着，而我的脚踝上面已经系好了一环五彩线。

如今提倡过中国节，振兴传统民俗，可是只有在乡村小镇上才延续着那传统的氛围，在偌大的城市，很难生发出节日的味道、享受到素朴的欢乐。

故乡的屋檐，黛瓦下伸出灰绿色的艾蒿的枝叶，那是种难以名状的美好，在城市里怎么可能体味得到呢？城市里长大的小孩子们怎么能体验到那份大自然的纯美，人与宇宙的和谐生存，农业社会结构体系里运转不休的遥远而美妙的声音呢？

就连那野外自由滋生着的艾蒿的身影也难得一见，这是多么的遗憾。好在有古诗，宋朝诗人陈师道在他的《河上》诗里为我们展现了芳汀过雨后，艾的美好与从容：

> 背水连渔屋，横河架石梁。
> 窥巢乌鹊竞，过雨艾蒿光。
> 鸟语催春事，窗明报夕阳。
> 还家慰儿女，归路不应长。

端阳小憩图
创作时间：
2008年

覆盆子

茥，蒛葐。
——《尔雅·释草》

"蒛葐（quē pén）"这两字，别说养在深闺，恐怕就算扔到大街上也无人识。但是，倘若有人告诉你，所谓蒛葐，就是覆盆子。你会什么反应？但凡接受过九年制义务教育并且如期毕业的同学们，应当恍然一笑："喔，覆盆子啊！"

鲁迅在《从百草园到三味书屋》一文中这样写道：

不必说碧绿的菜畦，光滑的石井栏，高大的皂荚树，紫红的桑椹；也不必说鸣蝉在树叶里长吟，肥胖的黄蜂伏在菜花上，轻捷的叫天子（云雀）忽然从草间直窜向云霄里去了。单是周围的短短的泥墙根一带，就有无限趣味。……如果不怕刺，还可以摘到覆盆子，像小珊瑚珠攒成的小球，又酸又甜，色味都比桑椹要好得远。

多年前参加兰亭书法论坛，我们在绍兴的暮色中走马观花式地浮光掠影了一番三味书屋和百草园。园子经过现代人造作的修葺，鲁迅笔下原始清新的野味和生活气息早已踪迹难寻。地里整齐划一地栽着些蔬菜，矮墙是有的，但何首乌和木莲没有看到，野草都没有，覆盆子更是芳踪无觅。

"如果不怕刺，还可以摘到覆盆子，像小珊瑚珠攒成的小球"——鲁迅对覆盆子的描绘形象极了。红红的覆盆子，这小小的山野草果，竟然会得到大师级人物的挚爱与垂青。

早于鲁迅八百年的苏东坡，在给友人的一封书信中写道：

覆盆子甚烦采寄，感怍之至。令子一相访，值出未见，当令人呼见之也。季常先生一书，并信物一小角，请送达。轼白。

苏轼的这封信，是一份著名的尺牍，为其尺牍书法的代表作之一，名字叫做《覆盆子帖》。说是信，其实也就是一张便条，这张便条的内容，后世学者鲜有考证且均无定论，我们也不必在此深入分析斤斤计较了，了解大概意思就行了——

苏轼感激地对朋友说："覆盆子相当难采摘，而且您还给我寄过来，太不容易啦。我真的很感动很不好意思。您家公子来看我，不巧赶上我出门没见着，唉，应该叫人喊我一声好见上一见啊！这里有季常先生的一封信和信物一件，请送达。苏轼敬礼。"

据徐邦达先生考证："杜沂字道源，子孟坚，曾官黄州，父子多与东坡交游……此帖中说：'令子一相访'，或者就是指孟坚，则此帖可能是给杜沂的。"（徐邦达《古书画过眼要录》）这封信到底给谁，又交代的什么事情，我无从断定。但是信中提到"季常先生"，却值得说说。

苏轼的很多传世尺牍中，都提到了这个人的名字，作为苏轼的终生密友，"季常先生"陪伴苏轼度过了谪居黄州的艰苦岁月。季常是陈慥的字，这位陈慥可以说是一介狂士，弃良田豪宅隐居山里，名牌服装扔了不穿，整天头戴高帽，状如方屋，人称"方山子"。为此，苏轼为他写了篇《方山子传》。陈慥也好，季常也好，方山子也好，读者可能都不很熟悉，但是这位老兄的确是位历史名人，你也一定知道他，因了一个家喻户晓的典故：

陈慥字季常，公弼之子，居于黄州之歧亭，自称龙邱先生，又曰方山子。好宾客，喜畜声妓。然其妻柳氏绝凶妒。故东坡有诗云："龙邱居士亦可怜，谈空说有夜不眠，忽闻河东狮子吼，拄杖落手心茫然。"河东狮子，指柳氏也。（洪迈《容斋随笔》）

苏轼的一首诗，把他这位惧内的朋友推向历史的前台，也为其妻子的形象增添了万丈光辉，永世不灭——成语"季常之癖""河东狮吼"由此而来。

然而，不管苏轼的便条、季常的帽子，还是季常老婆的威严，都非本文重点。言归正传，我所关注的是《覆盆子帖》中提到的本篇主人公——覆盆子。老苏在收到朋友寄来的野味覆盆子之后，感激涕零。因为他知道人家送他的这玩意不好摘，相当麻烦（当然含有明显的出于礼数的夸张）。其实老苏话里透露的真实信息是：他相当爱吃覆盆子。不然何以"感怍之至"——友情是一方面，美味才是诱因。

覆盆子，蔷薇科悬钩子属浆果类植物，外观像蛇莓、像草莓，但它的果实是由一颗颗鲜红饱满的小果粒攒聚而成的，看起来更像桑葚，这种果实也叫聚合果。但是它到底与桑树的果实桑葚不同，说白了，覆盆子就是一种莓。现代植物学里，一般把聚合果成熟时与花托分离的种类称为"树莓（Raspberries）"，把聚合果成熟时与花托不分离的种类称为"黑莓（Blackberries）"。覆盆子也可以算作树莓，但有一些覆盆子却是多年生草本，所以并不是"树"。

《尔雅》称覆盆子为"茥（guī）"。这个名字来头不小，我猜测它与古代玉器"圭"有所关联。古代帝王祭拜天地诸神，都要使用各种最宝贵的物品器具以示崇拜、尊敬和仪式的庄严厚重。这些礼仪祭品中最昂贵的要算玉器，而其中级别最高的玉器就是圭。圭是什么样子呢？方底尖头，下粗上细，酷似埃及金字塔。如此一来，茥就是草木中的圭，因为它的果实覆盆子的确有点像圭，只不过前者近似圆锥形，后者是方锥。《本草·覆盆子》："释名，当之曰：子似覆盆之形,故名之。"顾名思义,覆盆子名字的由来,就因为形状像一个倒扣的盆。《尔雅》中"茥蒛"的命名也是这个意思——因为这种聚合型浆果成熟后与花托分离，它的内部是中空的，很像窝窝头。

然而，茥也好，蒛葐也好，覆盆子也罢，我却认为其最好的命名恰是我们老家给它的俗称：火盆儿。

每年仲夏时节我都深深怀想家乡，漫山遍野的角落里，性感的覆盆子开始成熟了。我已经好多年没有再品尝过它的鲜美：酸酸甜甜，甘汁爽口，津津有味。在山野偶遇时，它们的植株有的匍匐在地，有的直立生长，前者叫火盆儿，后者叫高丽火盆儿。

或许，高丽火盆儿该写作"高立火盆儿"，因为其植株不像伏地而生的火盆儿那么矮小，而是直立生长的,但是论果实,却不如矮生的覆盆子硕大饱满。或许，这个品种应该就是一般意义上的树莓的一种。而以东北朝鲜族生活区为其原生地，辽东半岛山野里盛产的这种覆盆子大概就是因高句丽而得名。《尔雅》也有关于它的记载："葥（jiàn），山莓。"所谓山莓，就是树莓、木莓（以对应草莓），又称悬钩子。而覆盆子也好，树莓也好，都是悬钩子家族的成员，东北人管一切悬钩子属果实，包括覆盆子，都叫"火盆儿"。

火盆本是东北的特色生活用具，大约源自满族日常风俗。东北的冬季漫长而严寒，过去没有供暖设施，全靠它。一只大铁盆，十分沉厚，里面埋好烧红的木炭，摆在火炕上，一家人或客人围拢在四周，盘腿坐在炕上抽着大烟袋，喝着烈酒，侃大山。盆里还可以煨一些大豆土豆之属，唠嗑累了还可以抓一把来吃，吃爽了接着唠。窗外白雪纷飞，屋内围盆夜话，生活的况味尽在其间。于是我曾经想：把覆盆子俗称作火盆儿，实在是东北人非凡想象力的体现，因为它形状如倒扣的盆，又颜色似火，这个称谓实在很妙，形色香味俱全了。

小时候经常在这个时节，和父亲上山去打猎、采野果，其中主要的收获就是采来大把大把的火盆儿，带回家与家人分享，也是一乐。和火盆儿相继成熟的还有另一种果实，就是欧李，学名郁李，雅名棠棣，酸甜之外有种涩涩的回味，犹如橄榄。

在《百草园与三味书屋》的结尾，鲁迅与他的覆盆子们深情作别："Ade，我的蟋蟀们！Ade，我的覆盆子和木莲们……"鲁迅对于覆盆子们的情感，我感同身受，那是发自心底的最单纯的情愫。浙江求学时，曾游玩绍兴，在嵊县郊野的百丈岩，我第一次看到南方的覆盆子，那里正是鲁迅的故乡，那些正是百草园中的覆盆子的后裔。

当年我曾记下自己的所见："河边的草丛里三五横斜着落落寡欢的覆盆子。她们枝蔓交缠，淡绿的叶子下面，微微见红的果实怯怯地探出了头。没有人识得她们，或者没有人屑于理睬她们。于是竟侥得平安，在行路人践踏的山路河岸，她们生机盎然。"

清人所著的《植物名实图考》中除了覆盆子之外，还记载有蛇莓。蛇莓倒也常见，可以医治疗疮，只是不好吃，都喂给了鸟雀蝼蚁。对于火盆儿那甘美的滋味，实在难以忘怀。好久没有亲手采摘这些野果子了，还有那些野菜，连登山如今都是种奢望。想到写一首献给覆盆子的诗，念及苏公鲁公都未尝动笔，于是知趣作罢——

恰似西川杜工部，海棠虽好不留诗。（《春渚纪闻》）

东坡覆盆子图

款题：

　　覆盆子甚烦采寄，感怍之至。令子一相访，值出未见，当令人呼见之也。季常先生一书，并信物一小角，请送达。轼白。

创作时间：

　　2017年

木

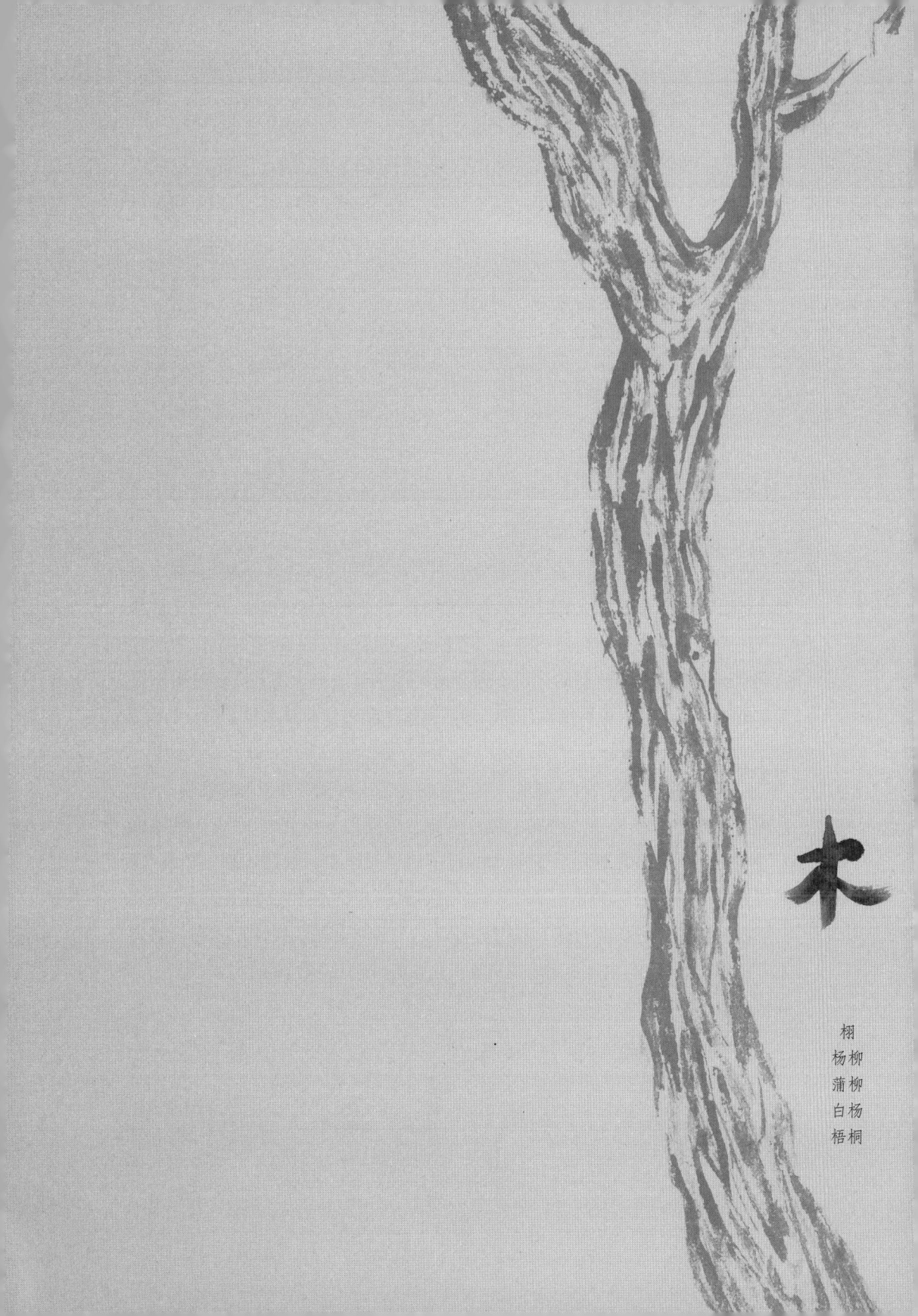

栩 柳 柳
杨 杨 杨 桐
　 蒲 白
　 　 梧

栩

栩，杼（shù）。
——《尔雅·释木》

春深夜静，窗外林中的斑鸠不时地啼叫，那声音引人入胜，好像这座城市森林漂浮起无数的萤火虫，把人们的睡意缓缓笼罩着，慢悠悠地游荡向遥远安详的梦境。

庄周梦见自己"栩栩然胡蝶也"，"栩栩"用得好，生动精妙，作为形容词的栩字给人的感觉是轻盈的。而作为名词的栩字其实很少用到，古时用来指一种常见的树，这种树虽然极为普通，却拥有繁多到令任何草木望尘莫及的别名：橡、柞、栎、栩以及杼。

《尔雅》说："栩，杼。"据说，这个名称是源于古代徐州人谓栎树为杼或栩，并称其果实为皁或皁斗，而《尔雅》也特意单列了一项词条："栎，其实梂。"皁斗也好，梂也罢，便是我们俗称的橡子，也叫橡实。如此一来，围绕"栩"树的专号就更多了。

古人何以对它如此青睐？原因大概有二，其一是基于民用而常见，其二是基于神秘和信仰，这也是很矛盾的现象。先说其一，还是看《诗经》。《诗·大雅》有多首篇什提到柞木：

柞棫拔矣，行道兑矣。（《大雅·緜》）

瑟彼柞棫，民所燎矣。（《大雅·旱麓》）

帝省其山，柞棫斯拔，松柏斯兑。（《大雅·皇矣》）

在这些诗篇中，往往柞、棫并称。棫是一种带刺儿的灌木，相应的，这里的柞应该也是指一种相对矮小的"栩"。所以宋代罗愿在其《尔雅翼》中解释说："柞，生南方，叶细而密，今人为梳用之。"但实际上，今日北方也普遍产柞，叶不但不细而且颇为阔绰。是一物而叫法万殊，不可不察也。

那么，以记载周代史诗为主的《大雅》何以常举"柞棫"，张华揣测这可能与一则指向宗周兴王之兆的梦有关。

太姒梦见商之庭产棘，乃小子发取周庭梓树，树之于阙间，梓化为松柏棫柞。觉惊以告文王，文王曰：慎勿言。冬日之阳，夏日之阴，不召而万物自来……（《博物志》）

文王的王后姒夜梦商朝王庭中遍生荆棘，于是文王子姬发取周庭中的梓树而种之，梓树遂化为松柏柞棫。梦醒以告文王，文王说了一段有关周兴以代商的预言来解梦。梦境是真是假自然无从知晓，但文王有过类似的语录或许不差。战国时人编撰的托名《尚书》遗篇的《逸周书》记载了周公旦对武王说过的一段话，而这段话周公自称正是得闻于先王文王：

王若欲求天下民，先设其利，而民自至，譬之若冬日之阳，夏日之阴，不召而民自来。此谓归德。（《逸周书》）

所谓"冬日之阳，夏日之阴"，便是人之所欲也，凡王欲得天下，须"设其利，而民自至"。商庭所生荆棘，恶草也，人人恶之。武王植梓而化松柏、化柞棫，前者森然有帝祚之象，后者蕃然有民生之气也。

罗愿云：

山木多矣，而独言柞棫，盖柞薪者，民之所燎，且至于耸拔，则其余从可知也。（《尔雅翼》）

古时百姓，樵薪伐木，柞木是主要的材料。薪材之外，柞木还可用来制作劳动工具。《淮南子·时则训》举一年十二月所主之木曰"十二月官狱，其树栎"，高诱注："栎可以为车毂。"至于《齐民要术》称柞"斫去寻生，料理还复"，是良木之易成者，则柞木更是建筑所用之优良而易得之木材了。不但古时如此，今日之北方，各种木作产品中，柞木仍是普通硬杂木之佼佼者。

然而，即使看待同样的事物，在不同的文本中，人们往往有着不同的认识，有时甚至截然相反。良材柞木,在《庄子》的描述中,变成了百无一用的"散木"。

匠石之齐,至于曲辕,见栎社树。其大蔽数千牛,絜之百围,其高临山十仞而后有枝,其可以为舟者旁十数。观者如市,匠伯不顾,遂行不辍。(《庄子·人间世》)

一位叫石的能工巧匠,来到了一个地方,看见作为祭祀用的社神栎树,巨大无比,围观的人群水泄不通,匠石却掉头就走。师父的举动让他的徒弟很不解,匠石说,如此巨树却能存活千年,自然是毫无用处。当晚树神便托梦于他,对匠石进行了批评,说自己以无用为大用,怎么能将我跟那些追求有用的"文木"相比!末了,又谓匠石:"几死之散人,又恶知散木!"

匠石醒来对弟子讲梦,弟子说得很直接:"既然他希望自己一无所用,干嘛还要站在那当社树呢!"匠石说:"你闭嘴!成为社树岂是他的追求?他深以此为无奈和耻辱呢!如果他不做社树,还会没人来砍伐他么?况且他用来保全自己的方法与众不同,你却用平常的道理来理解他,不是相去太远了吗!"

庄子在这里借树神之口表达道家"无为"的思想,立意正与《逍遥游》中惠子与庄子论樗一篇相似。只不过,椿树换作了栎树,椿树确非文木,栎树却是良材,这就只能看作是庄周随手拈来的譬喻了。然而,这则寓言透露出栎树巨大、通神的信息,倒是与西方文化的认知呼应。欧美多称此树为橡树,橡木由于材质坚硬,树冠宽大,有"森林之王"的美称。橡树也被视为神秘之树,传说其掌管者为希腊主神宙斯,西方人常系丝带于橡树上,以表达对远方亲人平安归来的祈愿。

从日常的生活所用,到神祇的寄托,"栩"的身影跨越古今,横贯东西。除此之外,栎树还是很好的观景植物,尤其北方园林,麻栎的身姿随处可见。故乡的晚秋,漫山火焰般的炽烈,就是他们的赭红;而春夏时节,他们张开的绿叶,恰如一枚枚羽翎,飒飒迎风招展。如果说人无完人,物无至物,"栩"的最大缺憾恐怕就在于其果实了。

在《植物的欲望》这本书中,美国作者迈克尔·波伦提及了橡实对人类所采取的不合作态度:

不管人们如何努力,人们永远也不可能驯化橡树,它那营养成分极高的橡子对于人类食用来说一直是过于苦涩了……

但是中国人却给予这位植物王国中的不合作先生以最大限度的宽容和友善。

橡子俭岁可食，以为饭；丰年放猪食之，可以致肥也。（《齐民要术》）

橡实的确难以下咽，但若逢饥馑之年，则足以糊口；至于太平岁月，便是最佳的猪饲料了。

古人知"栩"之果实可以养猪，却忽视了"栩"之叶子可以养蚕。南桑北柞，南方养蚕植桑，叫桑蚕，出桑蚕丝；北方以柞木，叫柞蚕，出柞蚕丝。柞蚕体大，数倍于桑蚕，其蚕丝也较后者粗犷，制作成丝绸，别具特色。

除了喂猪、养蚕，柞木更与人们的饮食直接关联。值得一提的是，橡子虽非美味，橡树的叶子却在饮食文化中独当一面。一定有许多人并不知晓，在我的故乡辽东半岛上，流传着一种极富特色的美食——"波罗叶饼"，它的食材就取之于本文的主角"栩"。所谓波罗叶饼，即波罗栎饼，在春夏之交采摘新鲜的波罗栎树叶（盛产于东北地区的一种柞树，叶片宽大），洗净后稍稍晾干。将采来的野生水芹（也可以是芹菜或韭菜）拌好肉馅，包在用薯粉和面特制的面皮内，最外面再裹上波罗叶子，粘紧，放入蒸笼。吃的时候剥开柞叶，面馅蘸少许油醋，咬一口，爽滑香嫩，回味无穷，满颊都是柞叶的清香。

荷叶粥、芦苇粽、竹筒饭……这些人间草木与美食的联姻代代相传，然而故乡的柞叶饼却鲜有人知，就连柞树本身，也默默无闻。这些都让我感到遗憾——他们是我们最忠实而古老的友邻，和桑、枣、槐等这些交情久远的朋友一样，已经陪伴了我们至少三千年。柞木并非没有历史，只是很难读到关于他们的诗文。

除了《诗经》，还是《诗经》：

山有苞栎，隰有六驳。（《秦风·晨风》）

肃肃鸨羽，集于苞栩。（《唐风·鸨羽》）

山上茂盛的栎树，湿地葳蕤的野果，大雁扇动着翅膀，成群地落在丛密的柞树上——这是诗作者的想象，却意外地保留下柞木入诗的最原始和最珍贵的记录。《秦风》在陕西；《唐风》产生之地为山西，汾水之南。据说在今天，除新疆之外，中国所有地区都生长着成片的野生栎树林。这或许可以解释，为什么栩会有那么多的名称。因为我们和栩先生的友谊平淡天真，跨越时空，五湖四海，地久天长。

诗经·鸨羽
创作时间:
　　2017年

杨柳

旄，泽柳。
——《尔雅·释木》

（一）

这是《诗经》中的千古名句：

昔我往矣，杨柳依依。今我来思，雨雪霏霏。（《诗经·小雅·采薇》）

自古"杨柳"并称，然而古人眼里似乎只有"柳"，并无"杨"——"杨柳"是柳，"柳"是柳，"杨"还是柳。

楚有养由基者，善射；去柳叶者百步而射之，百发百中。（《战国策·西周策》）

该典故还见于司马迁的《史记》。从此，人们就管神射手叫养由基，而养由基的绝技也被归纳为一个成语：百步穿杨。射的明明是柳叶，却叫"百步穿杨"，这不是古人的失误，也并非为了琅琅上口，而是因为在古人的概念里，柳就是杨，杨就是柳，不分彼此。

东门之杨，其叶牂牂，昏以为期，明星煌煌。东门之杨，其叶肺肺，昏以为期，明星晢晢。（《诗经·陈风·东门之杨》）

这是今天我们在阅读《诗经》时极易忽视的一首诗，因为它涉及一个非常重要的诗歌意境的经典原型，却几乎始终被误读。"东门之杨"，其中的"杨"历来被顺理成章地视为今天我们熟知的白杨树。比如余冠英的翻译："东门东门有白杨，白杨叶儿沙沙响。"

实际上，这里的杨是指柳，牂牂、肺肺形容柳枝的葱茏茂盛，而诗歌描写的是青年男女约会的场景和过程：东门外，婆娑的柳树下，一名女子（或男子）苦苦等候相约的情人。约好了黄昏相见，可转眼东方既白，启明星已经闪耀在天边，情人还是没有来。

我们无从知晓那个心上人为什么没有来，我们也读不出吟诗的姑娘（小伙）是否平生几分哀怨，但是这个场景却默默地镌成永恒，令无数后世的痴情者刻骨铭心，让两千多年后的一个男人、一位伟大的文学家、一名政府的高级官僚，在某年的元宵节夜里，感同身受：

去年元夜时，花市灯如昼，月上柳梢头，人约黄昏后。今年元夜时，月与灯依旧。不见去年人，泪湿春衫袖。（欧阳修《生查子·元夕》）

欧阳修的惆怅因何而生，再没有人能够领会，也再没有人能够作答。然而，"月上柳梢头，人约黄昏后"早已成为不朽的经典，代代传诵。只有欧阳修知道，他的灵感，他的妙语，完全出自那首不为后人熟谙的《诗经》。

人们深深记住了欧阳修（一说朱淑真）和他的《生查子》，却遗忘了三千年前守候在东门外的黄昏，黄昏里的杨柳，和柳树下披着星光苦吟的姑娘（小伙）。仅仅是因为，今天的我们不再知道柳树的名字曾叫做杨。

泌赋诗讥杨国忠曰："青青东门柳，岁晏复憔悴。"国忠诉于明皇，上曰："赋柳为讥卿，则赋李为讥朕可乎？"（《全唐诗话》）

李泌写诗讽刺杨国忠："青青东门柳，岁晏复憔悴。"（东门柳，即东门之杨）老杨就跟皇上告状，说李泌这厮不厚道，作诗羞辱我。皇上老李一听心想，这芝麻事挺闹心，得赶紧摆平。于是机智地反问和责难老杨："你认为人家说柳树就是讽刺你，那要是说李子树，难道就是在讽刺我了吗？！"老杨立即没声了。

当事人李泌和杨国忠之间的纠纷让李隆基很为难。被告李泌讥讽杨国忠在先，法官唐明皇息事宁人在后，原告杨国忠则心里有数：自己吃了哑巴亏。这场文字官司的解决完全仰仗仲裁者李隆基的聪明才智，可见当皇帝难，当好皇帝更难；而更可见的是，无论李泌、李隆基还是杨国忠，都明白无误地指认"柳"就是"杨"。

古人不分杨柳，以至于将二者的花穗和种子都混为一谈，视作一物：但凡

渭城曲
创作时间：
　　2017年

古书上提到"杨花"，基本与今天的杨树无关，因为既然杨就是柳，那么杨花当然是指柳絮。比如，有一首唐诗名篇，还是与我们可恨又可怜的唐朝宰相杨国忠先生有关，老杜的《丽人行》："杨花雪落覆白苹，青鸟飞去衔红巾。"据说，"杨花雪落覆白苹"暗喻讽刺的是杨氏兄妹的乱伦、淫乱。

古人传说，柳絮飞入水里，就变成了浮萍。这一开始只不过是古人浪漫的想象和有趣的说辞，结果越传越广，越传越深，几乎所有文人都不能自拔，老毛病又犯了——纷纷"用典"，结果虚虚实实，弄假成真，"杨花入水，化为浮萍"这句话的真实性不可动摇。

以至于到了清朝，沉醉于小资情调的文人李笠翁先生还信誓旦旦、煞有介事地说：

杨花入水为萍，为花中第一怪事。（李渔《闲情偶记》）

（二）

治学严谨的科研工作者似乎也没比文化名流李笠翁好哪儿去。清代的园艺学学者陈淏子在介绍柳树一条时写道：

俗名柳絮，随风飞舞。凡着毛衣，即生蛀虫，入池沼即化浮萍。（陈淏子《花镜》）

陈老比李老更甚，他不但正儿八经地冷静陈述，而且宣称柳絮落到衣服上就会生出蛀虫。这就只能让人批评我们的祖先重传承不重创新，重观察不重实践，重文化不重科技，重文艺不重理工了。

更让我费解的是，古人普遍对杨花（柳絮）抱有偏见，极度蔑视、严厉抨击杨花同志。一边抓紧对杨花的隔离审查和不懈攻击，一边却对杨花的母亲杨柳竭力逢迎、热情讴歌，乃至情深意重、生死相许。

对杨花的人身攻击几乎从未停止，并且攻击角度各异，形式多样，精彩迭出。

这是埋怨杨花冷漠无情：

扬子江头杨柳春，杨花愁杀渡江人。数声风笛离亭晚，君向潇湘我向秦。（郑谷《淮上与友人别》）

这是厌恶杨花纠缠添乱：

萦愁惹恨奈杨花，闭户垂帘亦满家。恼得闲人作酒病，刚须又扑越溪茶。（司空图《暮春对柳》）

这是嘲笑杨花愚昧无知：

草树知春不久归，百般红紫斗芳菲。杨花榆荚无才思，惟解漫天作雪飞。（韩愈《晚春》）

这是抨击杨花浮躁不安：

肠断春江欲尽头，杖藜徐步立芳洲。颠狂柳絮随风去，轻薄桃花逐水流。（杜甫《绝句漫兴九首·其五》）

但最恶毒的攻击，则莫过于这句成语：水性杨花。如果说上面那些诗句只是应应景，没攻击到要害的话，中国历史上最伟大的古典文学巨著只用了四个字，便生生将杨花姑娘彻底推进了无间道的万丈深渊，别说"杨花入水，化为浮萍"，就算跳进黄河，也是洗不清了：

大凡女人都是水性杨花。（《红楼梦》）

虽说此话出自司棋表哥之口，而且司棋表哥随即用自己的生命证明了司棋和自己纯真的爱和清白，证明司棋姑娘不在这"大凡女人"之列。可是，杨花从此却翻不了身了。

也并非从来没有人为杨花辩护和正名。在唐代诗人吴融的笔下，杨花展现了自己独特的品质：

不斗秾华不占红，自飞晴野雪濛濛。百花长恨风吹落，唯有杨花独爱风。（吴融《杨花》）

这里的杨花，极富个性色彩，诗歌创意独到，可惜吴融毕竟人微言轻，其作品得到的评价也是"靡丽有余，而雅重不足"（《唐才子传》）。杨花若想得以雪耻，靠一两个三流诗人巧取立意的文字是绝难办到的。

终于有重量级人物开口了，是苏东坡：

似花还似非花，也无人惜从教坠。抛家傍路，思量却是，无情有思。萦损柔肠，困酣娇眼，欲开还闭。梦随风万里，寻郎去处，又还被、莺呼起。

不恨此花飞尽，恨西园、落红难缀。晓来雨过，遗踪何在？一池萍碎。春色三分，二分尘土，一分流水。细看来，不是杨花，点点是、离人泪。

（苏轼《水龙吟·次韵章质夫杨花词》）

老苏向来喜欢玩禅学，这首词也不例外。尽管通篇没有挺身而出给杨花写上"政审合格"的评语，但至少也同样没有恶意和充满感情色彩的批评。总而言之，这些句子写得玄之又玄，立意紧随白居易的"花非花，雾非雾"，读来还是云山雾罩。

真正了解杨花、为杨花说句公道话的，是个女人。

二月杨花轻复微，春风摇荡惹人衣。他家本是无情物，一任南飞又北飞。（薛涛《柳絮》）

在女诗人眼里，杨花的本性是自由的、天真的，却也是卑微的。漫天的狂风席卷着满城飞絮，面对无法预测的命运，忽如其来的遭遇，这漂泊不定的生涯，岂是由我杨花能够自主！？

可惜，在漫长的古代历史时期，在男权至上的封建社会里，薛涛的呼喊，只是微微的一句，那声音也如漫天的飞絮一样，像身世浮萍的杨花一样，似女诗人自己的一生遭际一样，飘忽、飘渺、飘扬，终于飘散，杳不可闻。

杨花，依然是那些极富想象力的贬义的代言人。

令人惊愕的是，杨花虽然形象极差，却毫不妨害杨柳在人们心目中的品德。

（三）

柳树首先以其婀娜多姿的美拨动诗人的心弦：

孤山寺北贾亭西，水面初平云脚低。几处早莺争暖树，谁家新燕啄春泥。乱花渐欲迷人眼，浅草才能没马蹄。最爱湖东行不足，绿杨阴里白沙堤。（白居易《钱塘湖春行》）

"绿杨阴里白沙堤"——西湖边是没有杨树的，这"绿杨"说的自然是杨柳。白公在春日的湖畔行吟，脚下悠悠的白堤，两旁依依的杨柳，勾起了诗人无边的雅兴和弥漫的思绪。柳树优雅妩媚的姿态的确比粗砺壮硕的杨树更能引发诗

从前

创作时间:
2017年

人的诗思。郑綮说:"诗思在灞桥风雪中驴子背上。"(《北梦琐言》)骑马的是将军,骑驴的是诗人;阳刚的白杨和骏马,阴柔的垂柳和毛驴。

中国文士欣赏阴柔胜于阳刚,就像男人喜欢美女。美女繁花似锦,各嬗其美,杨柳之美,在于娉婷。柳树"虽无香艳,而微风摇荡,每为黄莺交语之乡,吟蝉托息之所,人皆取以悦耳娱目,乃园林必需之木也"(陈淏子《花镜》)。

西湖十景之一的"柳浪闻莺",原只见柳,并不闻莺,可黄莺在柳丝间的欢腾与鸣叫一直存在游人的想象里,这已足够。流传最广的那首咏柳诗,我们自孩提时代就背诵得滚瓜烂熟:

碧玉妆成一树高,万条垂下绿丝绦。不知细叶谁裁出,二月春风似剪刀。
(贺知章《咏柳》)

杨柳是春天的使者,是春光的象征。然而人们对她要求甚高,爱之深,责之切。唐代诗人杨巨源说:"诗家清景在新春,绿柳才黄半未匀。若待上林花似锦,出门俱是看花人。"(《城东早春》)老杨觉得杨柳的好就好在她早。鲜花尚未盛开,杨柳先吐芳芽,正是最美丽的时节。等到万紫千红的时分,就少了份清净。而韩愈却认为杨柳还是不够早,在他眼里,只有冰雪消融,春草初生才最给人新奇:"天街小雨润如酥,草色遥看近却无。最是一年春好处,绝胜烟柳满皇都。"(《早春呈水部张十八员外二首》)在老韩眼里,杨柳还是嫌太晚了。

不论怎样,古人是赤诚地喜爱着那弥漫着深情的杨柳的。

柳谐音"留",古人阔别,关山渺渺,万里迢迢,相见时难别亦难,所以驿路边,长亭畔,多植杨柳,寓意勾留。古诗词里的相送,无处无柳,无柳不成行。主人下马客在船,抬手折柳一枝以赠,意味深长。所以杨柳的意象更增添了一份送别的情致。柳树随风轻拂的枝条,如云似雾,笼罩在一片沉沉暮色里,氤氲了古往今来人们的双眸,一株杨柳就填满了离人的心境。

杨柳与离情别绪的因缘交际,成为中国文化最经典的意象。汉代产生《折杨柳》的古曲,也成为了流行乐,为歌妓咏唱;唐代盛行"杨柳枝词",咏柳篇什成为一个门类,佳句层出不穷;唐都长安的"灞桥折柳"铸成文化典故,让人们向往流连。李白《春夜洛城闻笛》:

此夜曲中闻折柳,何人不起故园情?

王之涣《凉州词》：

羌笛何须怨杨柳，春风不度玉门关。

范成大《横塘》：

年年送客横塘路，细雨垂杨系画船。

刘禹锡反复咏柳：

清江一曲柳千条，二十年前旧板桥。（《柳枝词》）

长安陌上无穷树，唯有垂杨绾别离。（《杨柳枝词九首》）

而最经典的名篇首推王维的《渭城曲》：

渭城朝雨浥轻尘，客舍青青柳色新。劝君更尽一杯酒，西出阳关无故人。（王维《送元二使安西》）

文人又据此诗意打谱填词，制成古琴名曲《阳关三叠》，一唱三叹，百转千回，琴音袅袅，千古流传。那琴音里，有柳丝在吹拂飘荡，这柳丝从此飘拂在历世文人的心田，挥之不去："长亭外，古道边，芳草碧连天。晚风拂柳笛声残，夕阳山外山。"（李叔同《送别》）

而当这种乡愁别绪不得实现，怎能不让人由爱生恨，对远逝的故土、时光的沧桑平添几抹惆怅、几分哀怨：

江雨霏霏江草齐，六朝如梦鸟空啼。无情最是台城柳，依旧烟笼十里堤。（韦庄《台城》）

杨柳在韦庄的眼里，已经不是简单的风物，甚至不是寻常的意象和象征，而是一种期待，一种纪念，一种寄托。杨柳的身上承载了太多的份量：沧桑历史、个人情怀、国仇家恨、千古兴衰。所以，我们不难理解，为什么历代咏柳的诗篇数不胜数，不胜枚举，成几何倍地超过她的兄弟白杨。两者根本无法相提并论，根本不在一个重量级。柳树始终是文人笔下的常客，是永恒的意象，不老的文化主题。从最老的《诗经》，历经汉晋南北朝、唐宋元明清，直至近现代和当下：

那河畔的金柳，是夕阳中的新娘；波光里的艳影，在我的心头荡漾。（徐志摩《再别康桥》）

然而，《尔雅》对自古熟稔的杨柳并未多提，仅仅在解释三春柳、蒲柳的同时略带一笔："旄，泽柳。"泽柳，即生于水边的垂柳。然而，这看似柔弱的生命，又岂止是生长于水边？大江南北，荒野池泽，都有杨柳的踪迹。只要有土壤，柳絮就能够发芽。"无心插柳柳成荫"，正是对具有顽强旺盛生命力的柳树最清楚的注脚。

一千年前的风流才子柳三变，在醉意阑珊时举杯沉吟出亘古名篇："今宵酒醒何处？杨柳岸，晓风残月。"（《雨霖铃·寒蝉凄切》）只怕杨柳并不在乎诗人的萦萦愁素、离情别绪，哪怕失意的诗人一厢情愿地将身姿绰约的她当作慰藉的依靠。

一川烟草，满城风絮，梅子黄时雨。（《青玉案·凌波不过横塘路》）

还是宋朝词人贺铸的这句词来得恰当。哀而不伤，观而不作，满腔的豪迈，隐藏在若有若无的脉脉温情中。

韦庄词意图
款题：
　　春水碧于天，画船听雨眠。
创作时间：
　　2016年

蒲柳

> 杨，蒲柳。
> ——《尔雅·释木》

宋代著名爱国诗人陆游，在表达其高尚情操，讴歌坚贞的菊花君子的同时，顺手也对可怜的蒲柳先生进行了无情而直白的批判：

蒲柳如懦夫，望秋已凋黄。菊花如志士，过时有余香。（《晚菊》）

悲哉蒲柳！是何草木，竟被直指为懦夫？《尔雅》："柽（chēng），河柳；旄，泽柳；杨，蒲柳。"《广韵》："杨，赤茎柳。"《尔雅注疏》："杨，一名蒲柳，生泽中。"《说文通训定声》："杨，蒲柳。今曰水杨、青杨。"

蒲柳，又名水杨，这种生长在水边的小型柳树，因为一到秋天细叶就早早凋零的植物学上的特性，而被人们视为怯懦和软弱，卑微和低贱，乃至缺乏品格和气节。

翻开古典文学史，蒲柳孱弱的身影随处可见：李白"不学蒲柳凋，贞心常自保"；杜甫"交横集斧斤，凋丧先蒲柳"；白居易"蒲柳质易朽，麋鹿心难驯"；欧阳修"念其蒲柳，质易朽而先衰"；范成大"昔如松柏独，今作蒲柳衰"；曹雪芹"觑着那侯门艳质同蒲柳，作贱的公府千金似下流"；周作人"自惭蒲柳质，何敢慕芳草"……

然凡事皆有因缘，谁是蒲柳悲剧人生的始作俑者？这要追溯到晋代，见《世说新语》：

顾悦与简文同年，而发蚤白。简文曰："卿何以先白？"对曰："蒲柳之姿，望秋而落；松柏之质，经霜弥茂。"

大臣顾悦跟简文帝同龄，却少白头。于是皇帝略带惊讶地问他："咱俩不是同岁么，我的头发还黑着呢，你怎么就白了？"顾悦的智商真高，立刻从容对答："俺这身板，好像柔弱蒲柳，刚入秋就纷纷落叶；您那体格，却像苍松翠柏，霜雪过后更坚挺啦！"

明明是拍马屁，但顾悦拍得水到渠成，有理有节，恰到好处，这就叫艺术。你不得不佩服顾悦的修为和学养，赋比兴信手拈来，骈文对仗工整巧妙，植物学知识丰富雅量，而且一语双关，不卑不亢。其子顾恺之，亦深得乃父明哲保身之道，世称才绝、画绝、痴绝，而"痴"不过是表象，知者桓温遂有"痴黠各半"之评。

仍说蒲柳，这个原本普通的人间草木，经顾老先生一语之后，一夜成名——从默默无闻到臭名昭著，且这份形象持续了千百年，更无翻身的迹象。蒙历代文人不断竭力讽咏，蒲柳终于成为一种根深蒂固的经典的负面形象。

然而，在这个负面形象确立之前，蒲柳早已作为人们熟悉的事物，时时闪现于远古文本的字里行间。最著名的便是《诗经》：

扬之水，不流束薪。彼其之子，不与我戍申。怀哉怀哉，曷月予还归哉！

扬之水，不流束楚。彼其之子，不与我戍甫。怀哉怀哉，曷月予还归哉！

扬之水，不流束蒲。彼其之子，不与我戍许。怀哉怀哉，曷月予还归哉！

（《王风·扬之水》）

"扬之水，不流束蒲"，郑玄注曰："蒲，蒲柳也。"有人以此处之蒲为蒲草、蒲苇之属，失之。联系全诗上下文，所谓"束薪""束楚"皆杂木类，何以"束蒲"一变而为草哉？郑玄所注无疑矣。

事实上，古人呼蒲柳为蒲，自是习以为常。郭璞注《尔雅》云："杨，可以为箭，《左传》谓之董泽之蒲。"据《左传》记载，宣公十二年，楚国伐郑，郑请和，议成，晋国以救郑之名出师。晋楚战于邲，晋师败绩，尸横遍野，而晋国军队统帅荀首的儿子知罃也被俘。

楚熊负羁囚知罃,知庄子以其族反之,厨武子御,下军之士多从之。每射,抽矢,菆,纳诸厨子之房。厨子怒曰:"非子之求,而蒲之爱,董泽之蒲,可胜既乎?"(《左传·宣公十二年》)

楚国的熊负羁囚禁了知罃,其父荀首(知庄子)率部下返回,魏锜(厨武子)驾战车,下军的士兵也多跟着返回战场。荀首每次射箭,抽出箭来,如果发现是利箭,就放在魏锜的箭囊里。魏锜怒道:"不赶快找回儿子,却爱惜蒲柳,董泽湖畔的蒲柳那么多,你还担心怕用完吗!?"

"董泽之蒲"的"蒲"即指蒲柳。过去用来制作箭杆的材料主要有两种,南方用竹子,北方用蒲柳,二者都属就地取材。直到今天,中国的北方,村野山泽、河畔湿地,仍遍地生长着一簇簇坚韧的水杨——说他们柔弱似乎也对,比起柳树家族其他成员来讲,蒲柳确乎是卑微的。他是灌木,没有主干,全是枝条,但那些枝条却极有韧性,老百姓用来编筐、编篓、编笆箩。蒲柳就是在那样恶劣的环境下,岁岁抽芽,生生不息。

生在黄河两岸乃至大漠边陲的坚强植物蒲柳,以其坚韧的品质、不屈不挠的性格,赢得了武士的信赖,获得了农民的垂青。早在几千年前,蒲柳就开始了其漫长的军旅和民用生涯。然而,尽管蒲柳的一生下得了农场,上得了战场,所立军功无数,更是养由基、黄忠等名流的最爱,却依旧无法摆脱被文人嘲讽、抨击和鄙夷的命运。毕竟,文化史是由文人们书写的,赳赳武夫以及老百姓连那些诗句都不曾听过读过,何谈为蒲柳正名,又何从为蒲柳正名呢!

当然,在文人笔下,蒲柳亦不尽是被挖苦的对象。很多时候,失意落寞的士子不过是以蒲柳之姿来自况,纾解心底的忧愁。大历十才子之一、唐代诗人卢纶在《和崔侍郎游万固寺》一诗中吟道"风云才子冶游思,蒲柳老人惆怅心",风云才子与蒲柳老人,形成鲜明的比照。此心之累,便是黄山谷的"身闲心苦",或是稼轩先生的无奈悲叹:

万事云烟忽过,百年蒲柳先衰。而今何事最相宜?宜醉宜游宜睡。

早趁催科了纳,更量出入收支。乃翁依旧管些儿,管竹管山管水。

(《西江月·示儿曹以家事付之》)

一代词豪，文治武功，壮志难酬，"甚矣吾衰矣"之际，抚慰心灵的竟然还有衰弱却倔强的蒲柳。稼轩之"蒲柳先衰"，绝非顾悦"蒲柳之姿"可比，气象、境界、滋味相差何止千里计。

同样是易凋，梧桐"一叶落知天下秋"乃成先知；蒲柳"望秋而落"便成懦夫。人间不公，莫过于此。更何况，蒲柳之早谢，正缘于其早发。《淮南子·时则训》曰："正月官司空，其树杨。"高诱注："《尔雅》曰：'杨，蒲柳也。'杨木春光，故其树杨也。"吴承仕认为高注"春光"当作"春先"："三月树李，四月树桃，注并以先后言之。"

顾悦妙答图
创作时间：
2016年

白杨

唐棣,栘。
——《尔雅·释木》

在茅盾同志献上那曲赞歌之前,"老杨"这辈子可以用一句话来形容:生得伟大,活得憋屈。千年文学史上,他的名字出现过无数次,却很少指向这种高大俊伟的树木。

且看《水浒传》第七回《花和尚倒拔垂杨柳》是怎么写的:

智深相了一相,走到树前,把直裰脱了,用右手向下,把身倒缴着,却把左手拔住上截,把腰只一趁,将那株绿杨树带根拔起。

施耐庵说的是"绿杨树",可地球人都知道鲁智深拔的是柳树。小说家如此,诗人更甚,他们把所有的婉约和豪放、喜悦与哀愁都献给了老杨的表妹小柳——"杨"是指柳树,"绿杨"是指柳树,"杨柳"还是指柳树,"杨花"指柳絮,"垂杨"指垂柳……问题是,杨树去哪了?

不要以为杨树不存在。相反,杨和柳一样,都是中国最古老的树木。从有我们祖先的那一刻起,老杨就扎根在这片土地上。

《尔雅·释木》:"唐棣,栘。"栘,就是栘杨,古人早已对几种杨树进行了区分。崔豹的《古今注》写道:"白杨叶圆,青杨叶长,柳叶亦长细。栘杨圆叶弱蒂,微风大摇。"古时候,人们将杨树分为白杨、青杨和栘杨三种。其中以白杨和青杨为主,而栘杨是盛产于南方的一种野白杨。如今,南方人还称山栘为白杨。

原来，古人称柳树为"杨"，而称杨树为"白杨"，杨树一直活在我们的视野中。下面这句出自著名的汉代组诗《古诗十九首》：

驱车上东门，遥望郭北墓。白杨何萧萧，松柏夹广路。

这里的白杨，正是我们今日常见的杨树。原来，老杨同志很早就露脸了！

还有比这更早的，是《论语》："唐棣之华，偏其反而，岂不尔思？室是远而。"这句古代逸诗到底是什么意思？孔子又想透过此诗表达什么？全世界专研儒学的学者们至今都没搞明白。诗中所说的唐棣，到底是指棠棣，即郁李呢？还是指栘杨？当然就更没人能说清。根据诗句的字面理解，结合《尔雅》和《古今注》的描述，似乎应该是栘杨，即野生白杨，然而"偏其反而"说的是"花"而非其叶，终究莫名。

李时珍就认为孔子提到的唐棣即指杨树：

藏器曰："栦栘木生江南山谷，树大十数围，无风叶动，花反而后合。《诗》云'唐棣之华，偏其反而'是也。"时珍曰："栘杨与白杨是同类二种，今南人通呼为白杨，故俚人有'白杨叶，有风掣，无风掣'之语。其入药之功大抵相近。"（《本草纲目·栦栘》集解）

李医生所描述的栘杨与《古今注》的描述"圆叶弱蒂，微风大摇"如出一辙。而"唐棣之华，偏其反而"是说唐棣的花，随风舞动，先开后合。真相到底是什么仍旧无解，只能聊备一说。

然而，老杨的粉墨出场，并没能为自己带来好运。

一种事物，不管是花草树木，还是鸟兽虫鱼，若能赢得人们的喜欢、追捧甚至崇敬，原因可以是多种多样的：美丽、可爱、吉祥、高洁、神圣……但是遭到厌恶的原因一条就够了：关系到悲苦和死亡。

不知道为什么，老杨就背上了这口黑锅，在人们的心中投下了这个阴影。对此，周作人也很不平，且叙述得很详尽：

似乎大家对于白杨都没有什样好感。为什么呢？这个理由我不大说得清楚，或者因为它老是籁籁的动的缘故罢。……我承认白杨种在墟墓间的确很好看，然而种在斋前又何尝不好，它那瑟瑟的响声第一有意思。我在前面的院子里种了一棵，每逢夏秋有客来斋夜话的时候，忽闻淅沥声，多疑是雨下，推户出视，这是别种树所没有的佳处。梁少卿怕白杨的萧萧改种梧桐。其实梧桐也何尝一定吉祥……（周作人《两株树》，选自《看云集》）

周作人提到的"梁少卿怕白杨"的故事，见于《新唐书·契苾何力传》：

龙朔中，司稼少卿梁修仁新作大明宫，植白杨于庭，示何力曰："此木易成，不数年可庇。"何力不答，但诵"白杨多悲风，萧萧愁杀人"之句，修仁惊悟，更植以桐。

该故事《隋唐嘉话》也有记载：农业部副部长老梁给唐高宗盖别墅，在各个院子里种上一排排小白杨。还兴高采烈地指着小白杨们对身边的契苾说："这玩意好，长得快。用不上几年，咱这地儿就绿树成荫啦！"

要说，小白杨没能长成参天老杨，真是犯小人，全怪这位多嘴的契苾何力。老梁本想着他附和几句，一起高兴高兴，结果这位并未答话，而是把嘴一撇，很投入地，声色并茂地，有感情地朗诵起古诗来：

去者日以疏，生者日以亲。出郭门直视，但见丘与坟。古墓犁为田，松柏摧为薪。白杨多悲风，萧萧愁杀人！思还故里闾，欲归道无因。（《艺文类聚》）

看到这里，我不能不分析契苾何力同志的心理：第一种可能，他心眼好，完全为了老梁着想，通过这种含蓄的方式劝诫人家不要种植白杨；第二种可能，他犯了跟杨修一样的毛病，炫耀聪明和才华，你看你们想不到的诗句，我脱口而出；第三种可能，契苾何力十分变态。

事实上，契苾何力的人品是不容质疑的。作为国家功臣、唐太宗的女婿、杰出的少数民族军事将领，何力同志的一生是光荣、忠诚而伟大的。他之所以通过这种方式委婉地进行劝阻，可以认为完全是出于善意：不仅为了唐高宗，同样为了梁少卿。

然而如果换作现实生活中的其他人，我可以毫不犹豫地揣测他属于第三种——心理有问题。人家盖房子是喜事，你说什么不好，偏要吟什么"出郭门直视，但见丘与坟""白杨多悲风，萧萧愁杀人"？就算你是好心，坚定地认为种杨树跟坟墓、死亡和悲哀有关，不宜新居，你就不能换种和平而低调的方式？比如说：别种杨树啦，杨树生虫子，很恐怖的……

爬树图
款题：
　　戊子重阳，家友数人畅游岫岩。次日寒露，余于静溪草堂涉事终日。傍晚，妄息及草堂主人林伟至，三人墨戏夜深。妄息忽裁小纸数幅谓余曰："君善小人物，可画此纸不？"余划纸略忖，乃即搦管成此图。妄息及林兄皆抚掌开颜，遂至楼下小肆饮酒畅谈，所言时代风云艺事。情乐不尽，东方既白。今以记之。沐斋。
创作时间：
　　2008年

而周作人就比较开明。就算古书里有再多诋毁老杨的记载，周先生也坚持在自己家栽白杨，就为了好听"风吹树叶沙沙响"那美妙的声音。

杨树的声音的确好听，样子也好看。在北京，杨树随处可见，品种也多：钻天杨、小叶杨、毛白杨、银白杨、大青杨……小时候，我的家乡村路两旁，房前屋后，全是高大的钻天杨。每天上学放学，从排排绿树浓荫间笔直的土路走过，仰头望着那抖动的碧叶，在阳光白云下闪烁，宛如繁星点点。微风不时地吹，杨树叶片唰唰地响，像凌空舞动着的小手，我觉得那是充满生机的景象。举头望着春光里新绿的白杨，就如同看见了整个春天，这种树木让人充满希望。

为什么古人只看得见杨树的悲风？仅仅是因为一种心理成见——因为最初被栽于墓地之间，于是人们以为其不祥。明代文士谢肇淛写道：

古人墓树多植梧楸，南人多种松柏，北人多种白杨。白杨即青杨也，其树皮白如梧桐，叶似冬青，微风击之辄淅沥有声，故古诗云"白杨多悲风，萧萧愁杀人"。（《五杂组》）

故乡山上的烈士陵园，确实也栽着高大的白杨，但那是为了彰显烈士的高洁伟岸，与愁苦和悲怨无关。何况，苍松翠柏，不也是种植于墓前？面对他们，为什么诗人们但只歌咏赞叹而不见悲情愁绪？完全都是迷信。

白杨的瑟瑟萧萧，在我听来真是天籁。就凭这一点共同的喜好，我就不能不喜欢周作人，也不能不喜欢谢肇淛。白杨萧瑟多情的景致，在谢肇淛的笔下被描摹得生机凛凛，如在眼前：

余一日宿邹县驿馆中，甫就枕即闻雨声，竟夕不绝，侍儿曰，雨矣。余讶之曰，岂有竟夜雨而无檐溜者？质明视之，乃青杨树也。南方绝无此树。（《五杂组》）

《五杂组》里的这段文字，让人联想起欧阳修的千古名篇《秋声赋》。只不过，身披"八大家"光环的欧阳修，声名和身价都远高于后辈的谢肇淛，因而老谢平白却精彩的笔触默默埋在历史的故纸堆中，不被更多人关注和击壶。但是两者的意境何其相似：

欧阳子方夜读书，闻有声自西南来者，悚然而听之，曰："异哉！"初淅沥以萧飒，忽奔腾而砰湃，如波涛夜惊，风雨骤至。其触于物也，鏦鏦铮铮，金铁皆鸣；又如赴敌之兵，衔枚疾走，不闻号令，但闻人马之行声。予谓童子："此何声也？汝出视之。"童子曰："星月皎洁，明河在天，四无人声，声在树间。"（《秋声赋》）

欧翁说的是自然的秋声，也是心田的秋声，然而那声响的澎湃与激越，草木的大千世界中，惟有杨可以当之。论音效，松涛有大道之形声，梧桐有清泠之逸韵，芭蕉得静雅之闲调，白杨具素朴之商音；论形体，松柏如仙翁，翠竹若君子，垂柳似丽人，白杨则如被褐怀玉的耕读。

在古代诗人笔下，白杨总是与荒草相提并论。于杂草，其他树木都是高高在上地俯视，只有白杨，主动拉近二者距离，因为他们都相信并选择平凡。而白杨的美，在于以不凡的资质站立出平凡的姿态。他接受人们所赋予的苦难象征，并转身去抚慰人们的心灵，他和荒草在一起，为凡世间的人们，也为逝去的生命低吟祈祷。

荒草何茫茫，白杨亦萧萧。（陶潜《挽歌》）

白杨是草根瓦砾间的高士，大隐于尘世、墓场、村墟、茅舍、街头巷尾，以及古风凄切的不朽诗篇中。白杨的本家白居易不单写古道上的野草，也曾凝望荒原上的杪杨：

闻道咸阳坟上树，已抽三丈白杨枝。（白居易《白氏长庆集》）

秋声赋
创作时间:
　　2017年

梧桐

榇，梧。
——《尔雅·释木》

（一）

秋雨横阶，黄叶铺地。在这样容易感伤的时节，很多人会想起梧桐。

山僧不解数甲子，一叶落知天下秋。

我们说起梧桐，不能不联想到另一种植物，也不能不感慨树类命运的不公——同样逢秋早谢，蒲柳被看作懦夫和孬种，梧桐却被视为圣王和先知：

此木能知岁时，清明后桐始华；桐不华，岁必大寒。立秋是何时，至期一叶先坠，故有"梧桐一叶落，天下尽知秋"之句。（《花镜》）

这就是所谓"一叶知秋"。在古人眼中，梧桐是有灵性的草木，它通明神谕。梧桐逢清明开花、立秋落叶都是当年天时地利、风调雨顺的预兆，反之，则暗示着本年的国运不利。对于梧桐感知宇宙、呼应时间的超能力，《花镜》描述得有板有眼："每枝生十二叶，一边六叶，从下数一叶为一月，有闰则十三叶。视叶小处，即知闰何月也。"

梧桐仿佛身负上苍的神圣使命。据说，在农历立秋日的第一时间，梧桐树会悄然落下第一枚叶子，向世界庄严宣告：秋至矣！随后，人间草木响应梧桐的号召，纷纷行动，该枯萎的枯萎，该谢花的谢花，该落叶的落叶。

梧桐大有"秋来我不先开口，哪个虫儿敢作声"之势，尽显王者之风。白

叶落知秋

款题：
　　山僧不解数甲子，一叶落知天下秋。

创作时间：
　　2017年

帝城有"三王碑"，镌刻梧桐、牡丹和凤凰：梧桐称树王，牡丹号花王，凤凰曰鸟王。

我没有展开田野调查，无从知晓梧桐与蒲柳二者谁在秋天落叶更早。但是直觉告诉我，进行这项比较的企图是愚蠢而毫无意义的。因为，梧桐的伟大和蒲柳的卑鄙一样，在万世人类的心中，根深蒂固，不可动摇。可以设想：就算蒲柳先于梧桐，在立秋那一天掉下了世界上第一枚树叶，人们也照样会投去不屑的一瞥：这个懦夫！秋天明明还没到，它就凋谢了……随即，当梧桐落下它第一枚优雅的叶片，人们顿时额手相庆、齐唱颂歌：果然是立秋了啊！梧桐，诚不我欺也……

面对这两种截然相反的评判，我给出的第一种解释是：成见。蒲柳的负面形象早已经顾悦的一句话而终生定位，而梧桐的正面形象则借助了神鸟凤凰的力量而永世不朽。凤栖梧的原型和意象深入人心，首先得益于儒家的《诗经》：

凤凰鸣矣，于彼高冈。梧桐生矣，于彼朝阳。（《诗经·大雅·卷阿》）

然后是道家的第二号人物庄子：

夫鹓鶵发于南海，而飞于北海，非梧桐不止。（《庄子·秋水》）

梧桐从此跟象征着祥瑞的鸟王凤凰捆绑在了一起，正应了那句俗语："鸟随鸾凤飞腾远，人伴贤良品自高。"梧桐沾了凤凰的光，而蒲柳则沾了顾悦的光。这就是所谓的晕轮效应——梧桐不可能有缺点；紧接着就是马太效应——梧桐就是好，蒲柳就是孬。

古人对于梧桐招来金凤凰的传说深信不疑。比如那个曾经叱咤风云、投鞭断流的前秦皇帝苻坚：

坚以凤凰非梧桐不栖，非竹实不食，乃植桐竹数十万株于阿房城以待之。（《晋书·苻坚载记》）

为了引来象征王圣祥瑞的凤凰，苻坚在阿房城东南西北的每个角落都栽满了碧桐和翠竹。绿化环保做得很到位，贡献不容抹杀，至于凤凰来没来不好说，却惹来了无端之祸。苻坚的小舅子小名叫凤凰，这家伙最后竟与姐夫反目成仇，史称"终为坚贼"。然而，还有一则史料写到"苻坚时，凤凰集于东阙"。这与梧桐的种植是否有因果关联，尚待考证。

没有谁去过问，凤凰到底是一种现实的存在，还是一种想象。因为就算凤凰只是种虚构，梧桐也早已是它货真价实的代言人和明证。人们对于梧桐品质的坚信不疑，其实更来自于梧桐本身的力量，这是梧桐之伟大的第二种阐释：容止。

（二）

魏晋风流，最崇尚容止。所谓容止，就是以貌取人。那个年代，就算男人也会涂脂抹粉，也要顾盼流光，言谈更是温文尔雅、巧笑倩兮，起卧都要如"玉山之将崩"。就连一世枭雄曹孟德，在会见外国使节时，也要找一位美男来冒名顶替：

魏武将见匈奴使。自以形陋，不足雄远国，使崔季珪代，帝自捉刀立床头。既毕，令间谍问曰："魏王何如？"匈奴使答曰："魏王雅望非常，然床头捉刀人，此乃英雄也。"魏武闻之，追杀此使。（《世说新语·容止》）

爱美之心，人皆有之。以曹操之雄才远略，尚且顾及"面子"问题，寻常男女，争相"好色"，就更不足为奇了，而据生物学家的研究，此乃生物界所有生物基因优化、优胜劣汰的本能需要。长发飘飘的雄狮、翠羽缤纷的孔雀总会赢得更多的爱情；一盘苹果放在眼前，又大又红的总是最抢手的，没有人会专挑烂苹果——谁这样做谁才不正常。所以，好莱坞的影片充斥着帅男靓女，观众也都打心底期盼着有型有款的忧郁帅哥能够一枪结果了丑陋对手的性命。这是人类的集体无意识。

小时候听评书、评剧，《说唐》《三请樊梨花》，最看不起帅哥薛丁山，百无一用又不解风情，可惜那丑鬼杨藩生也悲哀，死也窝囊。虽然我并不丑，可打小就从心里同情容貌丑陋的人了（尽管同情与喜爱是两码事）。不管杨藩的心机有多深多阴暗，从追求爱情这个角度来看总没有错啊。在我看来，杨藩与钟馗都是"容止至上"意识形态下不幸的殉道者。

可如今随着岁月的流逝，当面前丑陋的人事越来越多，我才无比珍惜和深切体察美丽的宝贵，由衷歌颂那些美姿仪、好容止的生命——梧桐恰是好容止的。

下面这则记事，是中国古代一段无比精彩的蒙太奇：

王恭始与王建武甚有情，后遇袁悦之间，遂至疑隙。然每至兴会，故有相思。时恭尝行散至京口射堂，于时清露晨流，新桐初引，恭目之曰："王大故自濯濯。"（《世说新语·赏誉》）

王恭和王建武是两个帅哥（史载王恭"濯濯如春月柳"），而且原本关系非常好，却终因间隙而反目。历史上，朋友绝交、亲人隔阂的憾事屡见不鲜：华歆与管宁、嵇康与山涛、鲁迅与周作人……每一场绝交的背后都有耐人寻味的故事。然而，王恭与王建武友情的破裂，却因一个视觉细节而动人心魂，让我们感念至今。

英雄因为势均力敌的对手而光彩照人。一个值得尊敬的对手往往是你当世唯一的知音，就如诸葛亮之于司马懿。英雄惜英雄，这是境界。"既生瑜，何生亮"只是狭隘者的太息，真正的强者企盼生命中棋逢对手的敌人的到来，缅怀他的离去。所以，王恭每遇美景良辰，总要下意识地思念起他昔日的挚友、今天的政敌王建武。

这天清晨，王恭信步踱到京口的射箭场，这里环境清幽，草木葱茏。置身惬意之时之所，往往正是一个人独发幽思之刻——民国的鲁迅，在每年的除夕夜，叼着烟斗，静静沉思，铺陈旧岁；宋时的欧阳修，在花灯璀璨的上元节，追思柳梢月色下的故人；唐朝的崔护，在桃夭李秾的春风里怅然若失，勾忆"去年今日此门中"的嫣红——王恭也不例外，此时的他默默地环顾四野。

忽然，镜头一转，呈现在我们眼前的是一幅春晨小景：朝露盈盈，梧桐新生的柔枝和嫩叶，在晨曦中萌蘖、伸张，似乎要发出清脆的声响——也许，王恭真真切切地听到了那新桐绽放的声响，于是他感到脉搏里的热血瞬时涌动，多少往事重现心头，心弦拨鸣，表里澄澈，不由得深切感叹一声：

"王大终究是王大。漂亮！"（潜台词：这厮，不服不行！）

往事背景、画外音、人物出场、现场风景的长镜头、梧桐的特写，再回到人物、人物的同期声，这一系列蒙太奇手法的运用，既交代了故事的始末，又传达了人物的思想和精神，更感动了千百年来的读者和观众。

你会认为故事里的梧桐无关紧要，也许。但我仍然固执地认为它不可或缺。

比方说，你能想象王恭面对着玉米高粱、萝卜白菜、地瓜土豆和杂草野稗时，发出"王大故自濯濯"这样的感慨么？草木的容止气度，的确是有高下的，和人一样。或者，换作翠竹松柏，王恭面对它们也会抒情。但翠竹松柏带给人的感触情思，又有别于梧桐。

（三）

《尔雅》说："榇，梧。"

这暗示了梧桐这一独特草木还有另一层玄妙的含义：它与我们每个人的关系也许比其他任何树木都来得更亲切，它是我们的家人。所以，古人在造字的时候把这种树木命名为"梧桐"。梧是"吾木"，桐是"同木"，而榇是"亲木"，这种"亲切同我"的意味，实在若有所指，妙不可言。清代李笠翁的这段话可以视为注解：

> 梧桐一树，是草木中一部编年史也……有节可纪，生一年，纪一年。树有树之年，人即纪人之年。树小而人与之小，树大而人随之大，观树即所以观身。《易》曰："观我生进退。"欲观我生，此其资也。（李渔《闲情偶寄》）

如果说松柏使人肃穆，杨柳让人温存，翠竹教人虚怀，梧桐却是在展现出自然空间里的另一个自我，成为我们观照自身的对象，并让我们悄然冥思，感同身受。

无言独上西楼，月如钩。寂寞梧桐深院锁清秋。（李煜《相见欢》）

在亡国之君哀怨的笔触下，寂寞的梧桐早已跟神木、凤凰、先知没有什么关联，此刻的梧桐就是诗人自身，是外面世界里诗人的另一个自我。梧桐早已走下了圣坛，走入古往今来诗人们的惆怅里，走进寒意凄切的秋山秋月秋风秋雨中。

春风桃李花开日，秋雨梧桐叶落时。（白居易《长恨歌》）

春风对秋雨，花开对叶落，桃李对梧桐。梧桐融合了中国人阴柔的性格特质，其气质中郁郁寡欢、清冷孤直的一面也被文人们表现得越来越多。

独上西楼
创作时间：
　　2017年

微云淡河汉，疏雨滴梧桐。（孟浩然）

在酒席上，孟浩然用一句诗浇醒了觥筹交错间的微醺和欢谑。这份清冽，来自孟夫子，也来自孟夫子笔底摇曳着冷晖的梧桐。

梧桐树，三更雨，不道离情正苦。（温庭筠《更漏子·玉炉香》）

梧桐秋雨，百世清魂，从此相依相许。在鳞次栉比的章句中，最让人心折的莫过于寡居的才女李清照，她怀着亡夫之悲所吟就的诗句，至今催动着无数敏感多思的心灵：

梧桐更兼细雨，到黄昏、点点滴滴。这次第，怎一个愁字了得！（李清照《声声慢·寻寻觅觅》）

独立寒窗，夜雨鸣廊。在易安居士的眼里，那凄风冷雨中的梧桐，就是孤苦无依的自己。此刻，这传说中通灵的神木，哪里还有凤鸟的光环？孔子和庄子笔下的余辉都已不见，远遁在暗夜中，只剩下淅淅沥沥的苦雨、漫漫无际的寂寞、挥之不去的情愁。

不仅仅是男诗人和才女子，就连世外高僧，也免不了坐对秋梧的寂寞：

梧桐滴沥客心惊，秋雨能吹白发生。孤馆灯昏惟对影，丽谯鼓湿不知更。前宵松月疑尘梦，明日泥涂听屐声。寻著漏痕当屋角，夜深百匝绕书行。（南潜《听雨》）

孤馆寒灯独不眠。这种况味，只有羁旅的远客，在雨打梧桐的夜幕下，才体味得最深刻。此时此刻，此情此景，旅人们眼中的梧桐，恰是他自己的化身。古时文人士大夫，是确凿地认同椁木的。椟、梧、桐，这种草木折射和显现的恰是文士的高风亮节。

南北朝时期的文人鲍照、谢朓都写有关于梧桐的诗句，唐宋之后，士人藉助梧桐抒发自己孤直品格、浩然士气的诗篇俯拾皆是。白居易在《云居寺孤桐》一诗中写道：

一株青玉立，千叶绿云委。亭亭五丈余，高意犹未已。山僧年九十，清静老不死。自云手种时，一棵青桐子。直从萌芽拔，高自毫末始。四面无附枝，中心有通理。寄言立身者，孤直当如此。

"四面无附枝,中心有通理",这是梧桐独树一帜的品性。"四面无附枝"呼应着君子"周而不比"的特立独行,这让人轻易联想到周敦颐在《爱莲说》中对花之君子的赞美:"中通外直,不蔓不枝";"中心有通理"显示出士人虚心明道的情怀,恰如"及凌云处尚虚心"的翠竹;而梧桐"亭亭五丈余"的伟岸,又使人想到"魁梧数百年"的老松——梧桐兼具松、竹、莲这三君子的气质品德,当之无愧于"修身齐家治国平天下"的士人形象化身。

(四)

梧桐与士大夫阶层,从肉体到精神呼应依存不分彼此,更体现在其一种无与伦比的独特功用——琴材。自古琴为士之具,士人抚琴,琴为心声,发士气,扬士品,抒展士人情操,而那良琴,正是用桐木制成。梧桐又因其为斫琴首选材料而备受尊崇:

天质自森森,孤高几百寻。凌霄不屈己,得地本虚心。岁老根弥壮,阳骄叶更阴。明时思解愠,愿斫五弦琴。(王安石《孤桐》)

在一代伟人王荆公眼里,男人就该像"孤桐"那般,光明磊落、气质雄浑,追求"三不足"的境界,那孤桐便是王安石自己,便是国孱民弱的北宋背景下君子士大夫的精神形象代言人。而在明朝潘臻笔下,"亭亭独自傲霜风,不与寻常桃李同。圣世工师求木久,峄阳犹自有孤桐",更是明白无误地指出梧桐的气节,远非桃李之辈的寻常草木可以相提并论、等量齐观。士人爱琴、爱梧桐,爱的就是这样一种士人情操,有此士气在,虽百死而不悔。

当然,最广为人知的典故莫过于东汉大文人蔡邕和他的焦尾琴:

吴人有烧桐以爨者,(蔡)邕闻火烈之声,知其良木,因请而裁为琴,果有美音,而其尾犹焦,故时人名曰"焦尾琴"焉。(《后汉书·蔡邕列传》)

蔡中郎仅仅凭木材燃烧发出的噼啪爆响,就听出其中有"良木"梧桐。而他用这块抢救出来的柴火所制成的古琴,音色无比清冽醇美,又因为该琴有一段烧焦的痕迹,故名"焦尾"。从此,焦尾、梧桐尾成为古琴的代称,也成为后世文人用以澄明心迹的象征符号。

明末清初,历经国破家亡之痛的八大山人,曾用自己"墨点无多泪点多"

的秃笔残墨,草书自作诗一首:

月川一以渡,山书一以启。潮头望扬子,湖上此焦尾。

湖上泛舟,江上调琴,是士人追寻孤高理想,向往隐逸生活的外化表现。水天之间那沉浑、清越或缥缈的琴声,此刻成为贯通天、地、人的媒介:

江上调玉琴,一弦清一心。泠泠七弦遍,万木澄幽阴。能使江月白,又令江水深。始知梧桐枝,可以徽黄金。(常建《江上琴兴》)

古琴之美,在于太古泠泠之音,足以令士人澄怀观道,逞思古之情。而斫琴名匠,必选良木梧桐。正如常建所吟"始知梧桐枝,可以徽黄金",梧桐至死仍发清越之鸣,所以古琴又名"槁梧",即死去的梧桐。古琴以桐为面,梓为底,因而《诗经》有云:"椅桐梓漆,爰伐琴瑟。"

《庄子》里无意间描绘出一幅"高士—梧桐—古琴"天地人合一的小品图:

倚树而吟,据槁梧而瞑。(《庄子·德充符》)

倒下的梧桐,成为宝琴,终日随士子之身,夜来鸣心田之音;而生长的梧桐,挺立于文人的庭前院落,静观世事的风云雨雪,泅渡人生的悠悠岁月。

古代读书人的书斋前后几乎都乐种梧,王象晋《群芳谱》说梧桐"皮青如翠,叶缺如花,妍雅华净,赏心悦目,人家斋阁多种之";陈继儒《小窗幽记》则写:"碧梧之趣:春冬落叶,以舒负暄融和之乐;夏秋交荫,以蔽炎烁蒸烈之威。"道德庄严的一代名士司马光则把寄意梧桐的诗歌写得四平八稳、正大光明:

朝阳升东隅,照此庭下桐。菶(běng)菶复萋(qī)萋,居然古人风。疏柯于玉耸,密叶翠羽蒙。午景疑余清,夕照留残红。雨响蠓(méng)楝外,风生户牖中。主人政多暇,步赏常从容。终当致威凤,览德鸣喁(yōng)喁。又将施五弦,解愠歌帝宫。(司马光《和利州鲜于转运公剧八咏·桐轩》)

纵然是"主人政多暇,步赏常从容"的闲情,在司马端明的笔下也毫无逸趣。真正饶有兴味的梧桐闲景图,还要靠苏东坡来构造。

(五)

梧桐是时常入画的,老苏的词境也是一幅画。

缺月挂疏桐，漏断人初静。谁见幽人独往来？缥缈孤鸿影。惊起却回头，有恨无人省。拣尽寒枝不肯栖，寂寞沙洲冷。（苏轼《卜算子·黄州定慧院寓居作》）

黄庭坚评价该词"语意高妙，似非吃烟火食人语。非胸中有万卷书，笔下无一点尘俗气，孰能至此"，可是有人却说，苏东坡的这首词是因了一个年少的女子，它的背后是一则凄美感伤的爱情故事：

惠州温都监有女名超超，年十六，不肯字人，闻子瞻至，喜曰："此吾婿也。"夜闻子瞻讽咏，则徘徊窗外，子瞻觉，则亟去。坡谓温曰："吾当呼王郎，与子为姻。"未几，子瞻过海，其女遂卒，葬于沙际。子瞻念之，为作此词。（卓人月《古今词统》）

不论传说真实与否，我们都可以体味得到这故事的浪漫与哀愁。虽然我们不能不着边际地揣测温姑娘是何等的美丽、何等的不凡，但仰慕东坡才情如此，其人也自不俗。在梧桐树隙穿透的月光下，她踟蹰在东坡的窗前，聆听才子的吟哦，也许会应声而对，出口成章，不然苏轼何以知之念之。这些细节，史料中缺乏记载，我们也只能依靠想象了。

然而故事的结局到底是充满了无限的感伤。那一年的梧桐月色，那个叫做超超的女子，那个承载着甜蜜憧憬的寂寞沙洲，都随着东坡仕途生涯的风波辗转，化为身后的影子，如同一场春梦，烟消云散，了无痕。

缺月、梧桐和情爱，并非是苏翁的独创。梧桐与爱情的关联，自古有之：

东西植松柏，左右种梧桐。枝枝相覆盖，叶叶相交通。中有双飞鸟，自名为鸳鸯。仰头相向鸣，夜夜达五更。（《孔雀东南飞》）

刘兰芝和焦仲卿至死不渝的爱，经由松柏梧桐和双飞鸳鸯的表现得到了永恒。从此，后世每言忠贞的爱情，必想起鸳鸯和梧桐。唐代诗人孟郊写："梧桐相待老，鸳鸯会双死。"贺铸说："梧桐半死清霜后，头白鸳鸯失伴飞。"元朝戏剧家白朴编写了《唐明皇秋夜梧桐雨》的杂剧……

《尔雅》说，櫬就是梧桐。亲也好，吾也罢，终究以同心为旨归。也许正是因为这一层最根本的含义，古人将梧桐与爱情相联。《诗经》写"岂曰无衣，与子同泽"、"执子之手，与子偕老。于嗟阔兮，不我活兮"，爱恨情仇，总是与死生契阔相伴。

所以，古代沙场上，有出征和战死的将士，就有日夜守望的妻子，爱与死，在无言的边界较量争衡。在危难关头，为激发士气，将军会抬棺上阵，背水一战。比如《三国演义》里单挑关云长的魏国大将庞德，在书中第七十四回，抬榇决死战，终于被关云长水淹七军，悲壮结尾。

榇，就是棺材。制作棺材的木材也是梧桐的一种——青桐。《尔雅》说："荣，桐木。"为什么选梧桐制棺？桐木木质坚韧轻盈，这是其天然条件；然而我们更应从人文视角来考察，棺材中盛放的，是已故亲人的尸体，我想或许出于这个缘故，人们选择桐木来制棺。虽然从此阴阳两隔，但是有桐木在，有亲人的气息在，有家的氛围在，那么在另一个世界里，逝者也不怕孤独和寂寞。

梧桐曾与我们如此亲近，如今我们却很难体会得到古人与梧桐之间，息息相关的苦闷与幽思、琴瑟和鸣的悠闲与欢乐：

兰渚后碧梧夹道，行其下者，衣裾尽碧。清露晨流，则新枝初引；轻凉微动，则一叶飘空；墅中在在皆有，此地独多。（高士奇《江村草堂记》）

又是"一叶飘空"，又是"新桐初引"——《世说》的这一句，引得后世无数诗人的惦念，割舍不去。面对梧桐，李清照在秋日里伤怀不尽，却在春光中意兴盎然："清露晨流，新桐初引，多少游春意。日高烟敛，更看今日晴未？"（《念奴娇·春情》）

我们已无暇欣赏"新桐初引"的情致，我们更无缘体味"秋雨梧桐"的寂寥。所有的乡村以及城市，遍布着悬铃木（法国梧桐），却难得找到榇木的身影。我们与梧桐之间的亲密情缘，早已如晏殊《踏莎行·碧海无波》的"梧桐叶上萧萧雨"，一滴滴流淌了去，蒸发于时空的雾霭。

想到那首诗：

泠泠七弦上，静听松风寒。古调虽自爱，今人多不弹。（刘长卿《弹琴》）

凤凰看不见了，古琴少人弹了，爱情苍白无力了，悲秋不合时宜了。于是，梧桐一面变成虚无缥缈的神话，一面低垂到现实的尘埃里，它更加寂寞了。

松风寒图
创作时间:
2017年

虫

强子
蟋斯
小蟑
螽

小强

> 强,蚚。
> ——《尔雅·释虫》

周星驰在电影《唐伯虎点秋香》中华府门前哭"小强"的情节,感动了很多人,鼓舞了很多人,教化了很多人——他们纷纷掉转头去养起了蟑螂。

周星驰无意间捧红了一只小小昆虫。从此,新世纪的都市年轻人宽恕了原本他们十分厌恶的害虫蟑螂,亲切地叫它"小强"。然而,古书上确实正儿八经地记载着一种名为"强"的小虫,它是被儒家经典承认的正宗小强,当然不是蟑螂,而是另一种我们常见的生物。

它的名字叫做蚚(qí),《尔雅》说:"强,蚚。"今天,人们叫它米虫。

米虫,学名米象,昆虫纲鞘翅目象虫科。所谓鞘翅目,说白了就是甲虫。甲虫帝国势力庞大,它们是动物界种类最多、分布最广的第一家族,是绝对的豪门望族。这个浩大家族的成员彼此之间的习性却相异得叫人咂舌。比如,米虫专吃大米,成天钻在米堆里;而它那位著名的亲戚蜣螂,却整日与大粪为伍,故江湖诨名屎壳郎。

屎壳郎混迹江湖久矣,三千年前的古人已知其鼎鼎大名。《尔雅》:"蛣蜣(jié qiāng),蜣蜋(qiāng láng)。"说的就是这位喜欢在粪球上玩杂技的甲虫大哥。然而,和现代常人的一般观念相反,古代的圣贤丝毫没有瞧不起蜣螂的意思,却毫不吝惜地对它大加称赞。庄子严肃地说:"蛣蜣之智,在于转丸。"把屎壳郎玩屎球的专业技术和不懈精神看作独特的智慧,也就道家的庄周先生做得到、说得出。

甲虫家族自古煊赫，这从《尔雅·释虫》篇即可见一斑。除了米虫和屎壳郎之外，大家耳熟能详的甲虫家族的知名人士，如金龟子、天牛都有露脸："蟦（féi），蛴螬（qí cáo）"——这是说金龟子；"蝤蛴（qiú qí），蝎（hé）"——这是说天牛。

对于人类而言，这几位甲虫家的名人可谓为非作歹，祸国殃民：米虫吃粮、金龟子啃根、天牛食桑。然而令人疑惑的是，它们却个个拥有最漂亮、最典雅、最高贵的现代大名——米字号、金字号、天字号，一个比一个彰显皇家风范，一个比一个彰显贵胄尊荣，一句话，甲虫全是VIP。只有一个例外——唯一不入流的是玩杂技的贱民屎壳郎，它也理所当然地成为被鄙视的对象，然而只有屎同志兢兢业业、净化环境，是对人民有益、鞠躬尽瘁的好甲虫。

回头继续说故事的主角：小强。小强纵然不干好事，白吃皇粮，但是毕竟没有罪大恶极到不可饶恕的地步。善良的中国人民给予了它们最大的宽容，并没有设计和发明任何一种有效的生化武器去铲平消灭它们（当然事实上也根本不可能，除非那袋大米你不想吃了）。而且，这些小米虫也确实怪可爱——当遇到现实或假想的危险时，它们会装死。你的手指轻轻一碰，它们那芝麻粒大小的、圆筒一样的、棕红色或棕黑色的身躯就会突然静止不动，六只小腿儿僵硬蜷缩成一团。庄子见此场面，不知会不会再来一句"小强之智，在于装死"？

米虫学名叫米象，当然不是因为它伟岸的身躯，而是由于它长了个与大象鼻子一模一样的喙，又叫象鼻虫。古人没有使用放大镜，所以对于小强的五官缺乏仔细观察考证，只是不断地称呼它为"强"。除了"强，蚚"之外，《尔雅》又写道："蛅蟴（shī），强蛘（yáng）。"强蛘也就是米虫，就是小强。

不知道古人是不是真的认为米虫很强，但是现代人却是发自肺腑地认为它们真的是很强的。不但强，而且非常强，相当强。于是诞生了所谓"米虫一族"——用来形容那些终日无所事事却衣食无忧的人。"米虫"成为他们的人生理想：每天吃了睡，睡了吃，而且是吃不完地吃，因为身边是一望无垠的大米，吃饱了在大米的包围下，嗅着米香甜美地入睡，睡醒了还有大米……这种理想生活就是米虫生活，这种生活理想就是米虫主义。

在现代人眼中，米虫过的日子才是强人生活，真让我们感叹古人的先见之明。而电影里的小强——蟑螂兄弟，整日在阴暗角落中穿梭，吃着残羹剩饭，哪里有半点强人姿态？然而，古人也并未忽视它们。《尔雅》："蜚（fěi），蠦蜰（lú féi）。"说的正是周星驰所哭泣的小强，学名蜚蠊（lián）。

米虫的人生是成功的人生，从古至今都是如此。翻开古籍，在历代文人尖锐的目光里，那些不劳而获的、损公肥私的、好吃懒做的或人或鸟或虫或兽，都逃不脱口诛笔伐。这里面以老鼠为最杰出的代表，对老鼠的国骂，从《诗经》就早已开始了：

> 硕鼠硕鼠，无食我黍！三岁贯汝，莫我肯顾。逝将去汝，适彼乐土。乐土乐土，爰得我所。（《诗经·硕鼠》）

《尔雅》："蟫（yín），白鱼。"蟫就是蠹虫、书虫。当同样为虫的"书虫"也遭受诗人的羞辱和轻慢时，"米虫"仍然平安无事。似乎，唯有我们的主人公小强最大可能地幸免于难。

也许米虫的处世哲学真的是有大智慧的。小强之智，并不仅在于装死，还在于它示弱，在于它知足常乐，在于它适可而止，在于它无中生有，在于它随遇而安。两千多年前的那位秦朝宰相李斯，倘若意识到米虫主义的可贵，就不至于落得仓鼠之悲的结局。老鼠固然狡黠，但比起小强之智来，还差得远呐。

硕鼠
创作时间：
2017年

蟢子

蟏蛸，长踦。
——《尔雅·释虫》

对于蟢子，我们一点也不陌生：

一只牵着银色细丝的蟢蛛，悬挂在明亮的窗户前，被微风吹得悠来荡去。"早报喜，晚报财"，那个美丽苍白的女人面对着蟢蛛时曾经这样说过。我会有什么喜呢？他的脑子里闪烁着梦中见到的那些天体的奇形怪状……（莫言《丰乳肥臀》）

在长辈的教导下，我从小就对这种小生命充满了愉悦的敬畏。姥姥叮嘱我，倘若遇见喜蛛，倘若这细小的蜘蛛爬到我的衣服上，千万不可将之击毙，否则就是亲手扼杀了自己的好运。母亲则告诉我这句关于喜蛛的古老民谣：

早来喜，晚来庆，不早不晚来亲戚。

如果喜蛛出现在清晨和夜晚，将有喜庆的事情发生；如果出现在白天和晌午，家里会来亲朋——毫无例外，都是好事情，所以我从来没有加害过任何一只接近我的喜蛛，哪怕它们大摇大摆地在我的身上招摇过市。

喜蛛报喜——这是古往今来人们公认的常识。我不相信喜蛛的神秘魔力与生俱来，可到底是从什么时候开始，人们认为喜蛛会带来喜讯？这历史肯定相当悠久，且看《诗经》里的名篇《东山》：

我徂东山，慆慆不归。我来自东，零雨其濛。果臝之实，亦施于宇。伊威在室，蟏蛸（xiāo shāo）在户。町畽鹿场，熠燿宵行。不可畏也？伊可怀也。

远征的我历经多少岁月，从东山回到阔别已久的家乡，此地情深深，此刻雨蒙蒙。如今的家是什么模样？瓜蒌结在屋檐下，土鳖虫儿满地爬，喜蛛儿的网门上挂，鹿场足迹深浅，静夜磷火明灭。这就叫荒凉——不可怕吗？可怕。但纵使再荒凉、再可怕，我仍然深深地留恋、深深地牵挂。不为别的，因为这是我的家。

《尔雅》说：

蛜威，委黍。蟏蛸，长踦。

蛜威又叫委黍，是那种潜藏于潮湿的墙角和缸底的蚯蚓色小爬虫；而蟏蛸正是本文的主人公——喜蛛，俗称蟢子，由于身小腿长，又叫长踦，踦就是脚。在《诗经》和《尔雅》中，关于这种小小的蜘蛛，并没有他能"报喜"的记载。"伊威在室，蟏蛸在户"描绘的恰是一幅家园荒芜萧条的景象，也正说明早期的蟏蛸与喜事无关。

然而到了南北朝，蟏蛸忽然成为喜庆的象征，蟢子的名称已为人们所熟知：

今野人昼见蟢子者，以为有喜乐之瑞；夜梦见雀者，以为有爵位之象，然见蟢者未必有喜，梦雀者未必弹冠，而人悦之者，以其名利人也。（刘昼《刘子》）

通过刘昼的描述，我们知道在南北朝时期，老百姓开始把蟏蛸的出现视为喜庆和祥瑞的预兆。大概从那个时候起，对于喜蛛而言，蟏蛸也好，长踦也罢，都不如这个新名称"蟢子"来得更响亮。因为人们坚信，蟢子这只网虫，与喜鹊那只菜鸟一样，都是传达喜讯的使者。

鹊儿篱际噪花枝，蟢子床头引网丝。（李齐贤《居士恋》）

然而，生活于公元六世纪的刘昼心里很不服："这小蜘蛛无非是沾了名字的光！我就不信见他就有喜？"

可惜刘先生的愤青语录根本没人理会。后世的人们对于喜蛛的信赖依然虔诚，蟏蛸从此已然成为具备通灵感应的神秘信号：

七月七日，为牵牛织女聚会之夜。是夕，人家妇女……陈瓜果于庭中以乞

巧。有蟢子网于瓜上，则以为符应。（宗懔《荆楚岁时记》）

七夕又称乞巧节，在七夕的夜里，家家户户的女子在庭院中陈列瓜果以乞巧。这份"巧"到底乞没乞到？完全由蟏蛸说话算。如果瓜果上忽然爬出一只喜蛛，那就说明女孩子乞到了老天赋予的巧慧。蟢子的报喜功能，通过七夕节日的特殊活动，进一步得以强化和验证。

为什么人们会笃信蟏蛸会带来喜事呢？陆玑在《诗疏》中解释道：蟏蛸"亦名长脚，荆州、河内人谓之喜母。此虫来著人衣，当有亲客至，有喜也，幽州人谓之亲客。亦如蜘蛛为网罗居之。"可见，蟏蛸的"报喜"，原本仅仅关涉到"客至"——家里将有久违的亲友来做客，用孔子的话说就是"有朋自远方来，不亦乐乎"。古代交通通讯不便，所以家里来了远客，那是当然的喜事。

我们不妨想象，最初，或许是肇始于某次巧合的机缘：某位名士正在书斋里伏案读书、写作，停笔吮毫的一瞬，他忽然发现一只小小的喜蛛在自己的衣襟间缓缓彳亍，此时，传来一阵叩门声，书童来报：先生，有客求见。蓦然回首，一个熟悉的身影，故人亲切的笑容已温暖地荡漾在面前。

喜蛛报喜的说法终于不胫而走，越传越广，直至从偶然事件变成绝对真理，而"喜"的内容也不断泛化，"喜"的外延不断扩大和延伸——从亲友团聚到贵客临门，从女子乞巧到金榜题名，喜蛛能够预示的喜事几乎无所不包、网罗天下。甚至，更有传说，皇宫里的宫女若见此物，当夜必受宠幸。

蟏蛸和性爱的隐秘关联，可以参考日本文学典籍《古今集》中的和歌：

乐见今朝蟢子飞，想是夜晚我郎来。

当然，该日本和歌是借鉴于下面这首唐诗：

昨夜裙带解，今朝蟢子飞。铅华不可弃，莫是藁砧归。（权德舆《玉台体十二首之十一》）

由于喜蛛经常吊着蛛丝四处飘飞，随落随行，人们把它看作吉光片羽的明示，谐音叫做"喜从天降"。因而当春闺独守的妇人，自又一个寂寞的漫漫长夜后苏醒，在晨光中发现了一只悬丝飘舞的长踦的时候，联想起"昨夜裙带解"的征兆，不禁心花怒放，喜不自胜——这一定是明白无误地告诉自己，远游的夫君终于

网瓜图
创作时间：
　　2017年

要回来了!

此刻,一只沉默无语的蜘蛛,在春心荡漾的闺妇眼里,是多么地充满浪漫与温情。

然而,倘若是两只、三只,甚至十几、几十乃至上百只喜蛛同时出现,那又将是多大的喜讯,那又会是怎样的情形?

郑絪相公宅在招国坊南门,忽有物投瓦砾,五六夜不绝,乃移于安仁西门宅避之,瓦砾又随而至,经久复归招国。郑公归心释门禅室方丈,及归,将入丈室,蟢子满室悬丝,去地一二尺,不知其数。其夕瓦砾亦绝,翌日拜相。(段成式《酉阳杂俎》)

郑絪是唐代德宗朝宰相,《新唐书》评价他"守道寡欲,所居不为烜赫事,以笃实称",是个聪明能干的老实人。然而这个老实人却经历过一件很不"老实"的奇闻异事。

郑絪家住招国坊南门,有一天夜里,宅中忽然"闹鬼"——不知道是何"物"不断地往他家院子里扔瓦砾,一直扔了五六夜也不消停。这叫人怎么睡得着?于是郑絪和家人搬了。可意想不到的是,家搬了,不明飞行物也跟来了,一到夜里,还是继续地往下扔瓦砾。郑絪彻夜未眠,终于琢磨出来:我应当持斋奉佛啊!于是决心去找老和尚,在佛门净地觅得一片永世安宁。

可当他迈入禅门,将要走进方丈大师的室内之时,令人惊讶的奇迹出现了:只见蟢子吐纳的蛛丝飘悬满室,离地面约有一二尺,千丝万缕,不计其数,迷迷蒙蒙,如梦似幻,郑絪一瞬间宛如置身于《西游记》里的盘丝洞……

郑絪真的呆住了,无数的喜蛛出现了,可他来不及高兴,也根本高兴不起来。然而就在这天夜里,折磨了他们家人多少个日夜的瓦砾声,竟然莫名其妙地消失了,世界终于清净了。可事情并没有就此结束——第二天清晨,唐德宗下令,任命郑絪为宰相。

蟢子终于为他带来了更大的好运。

在所有的"蛛氏家族"中,蟏蛸大概是唯一让我们欢喜,没有厌恶、远离的蜘蛛了,它神秘不定,又亲若比邻,永远吸引着人们的目光。童谣唱它,谚语说它,元稹吟诗提起它,齐白石画过它,"扬州八怪"的金农,竟也温情脉脉地歌咏它：

> 双烛生花送喜频，红丝蟢子漾流尘。（金农《蟢子》）

一只小小的喜蛛，惹得我写了这么多，多少让自己也惊讶。写一篇关于蟢子的文字，就是写起了流年碎影。那些夹杂着童年憧憬的影像，闪烁在历史的尘埃里，老屋的墙角处，光亮的窗台前，斑驳的房檐下。

好像有风吹过，于是蛛丝掠起。那只小小的长踦，举动八只细足，偶尔划入到我这个村夫的梦境中。

今朝蟢子飞

款题:
　　昨夜裙带解，今朝蟢子飞。（权德舆句）
　　沐斋。

创作时间:
　　2007年

螽斯

> 螽丑奋。
> ——《尔雅·释虫》

这是东北人从小就熟悉的一首童谣：

扁担钩挑水，蚂蚱煮饭，三叫驴炒鸡蛋，请蝈蝈来吃饭，吃完饭就滚蛋！

扁担钩、蚂蚱、三叫驴和蝈蝈，陪伴我走过整个童年，这些小小昆虫让人充满温暖的回忆。小时候，我和我的小伙伴们曾经在原野上奔跑追逐，草虫飞跃、鸣虫铮铮，那幅景象如今已随着野风呼啸而逝，小虫们也不知所往。它们都拥有一个共同的古老名字：螽（zhōng）。

螽斯羽，诜诜兮。宜尔子孙，振振兮。（《诗经·周南·螽斯》）

《诗经》留给世人的这首诗，成为螽斯家族彪炳史册、荣耀千古的证明。"螽羽诜诜"比喻夫妇和睦、子孙众多。所以北京故宫有螽斯门，将内廷西六宫的街门命名为螽斯，意在祈盼皇室人丁兴旺，永延帝祚。

然而，螽斯到底是一个种类繁多、三教九流的庞杂家族。单是《尔雅》里列举的螽，就有这些：

皇（fù）螽，蠜（fán）。

草螽，负蠜。

蜤（sī）螽，蜙蝑（sōng xū）。

蟿（qì）螽，螇蚸（qī lì）。

土螽，蠰溪（rǎng xī）。

几乎所有的名称,如今都已经脱离了大众的知识体系而废弃不用。学问家和好事者不吝其烦地逐一分析它们各自代表的昆虫,在我看来实在已无太多必要。不过我们还是大致了解一下这些草虫的古今名称。对于这些螽家族的成员,我在此做一下简要的归纳:

皇螽:蝗类的总名,又叫蟓。包括蚂蚱和蚱蜢。

草螽:蝈蝈。因其善鸣,又称织布娘,古名负蠜——"负"有肥大之意,蝈蝈体态丰腴出众,所以叫负蠜。

蜇螽:斯螽,螽斯,又名蚰蜢,东北俗称三叫驴。形似蝈蝈,体长寸许,绿褐色。雄虫的前翅能发声,雌虫尾端有剑状的产卵管。

蟿螽:剑角黄,尖头蚱蜢,古名螇蚸。江南俗称舂米郎,东北称为扁担钩。绿色或黄褐色,体长,头尖,后翅大,飞时札札作响。后肢极长,善跳跃。捕执其后肢,欲跃不得,遂作舂米或挑水之状,所以有舂米郎、扁担钩一南一北两个别名。

土螽:灰蚂蚱,土蝗虫,古名蠰谿。

如果按照今日的生物学分类法进行总结,那么《尔雅》里的五种螽斯可以分成两类:蝗科(皇螽、蟿螽、土螽)、螽斯科(草螽、蜇螽)。

科学往往在某些方面特没意思,一脸严肃、冷冷冰冰。这样一来,关于螽斯家族的介绍,虽然明晰得很,却也乏味得很。这是科学不讨喜的地方。关于螽斯的田野调查,我不必费太多的力气,因为螽斯世代繁衍的乐土——草丛、山冈、原野,那正是我从小生活嬉戏的地方。

为了弥补螽斯考据过程带来的枯燥,我准备完整提供一份我父亲的口述。这是在调查和确证螽斯名物的过程中,通过与远在家乡的父亲的一通简单的电话获得的最原始的记录。父亲在电话里这样回答我,介绍他眼里的螽斯家族:

老牛咕:土黄色,比蝈蝈大。

莎莉沙:飞翔时带"沙沙"的声音,比蝈蝈小。长得像蚂蚱、蝗虫。

窗户娘娘:咖啡色,吃花,没三叫驴大。秋天出来叫,叫得小。

蝈蝈七月末八月初开始出来叫唤。

三叫驴也叫,但不好听,它带尾巴。

扁担钩,也是飞时候带点声,但是不叫。

其他各种蚂蚱，绿的黄的灰色的，都不会叫，到处蹦跶。

父亲跟我通话的过程中，童年时代他带我上山捉蝈蝈的景象立时浮现在我眼前了：青山、绿水、麦田、金灿灿的阳光和穿过林梢的风——我们站在空地上，山野间虫声一片。

蝈蝈不好捉，它和所有的螽斯一样，善于跳跃，而且，它咬人。蝈蝈是最凶猛的螽斯，大概也是最勇猛的昆虫之一了。昆虫的世界，如果要选出五虎将：螳螂、蝎子、黄蜂、大蚂蚁之外，蝈蝈是无论如何也少不得的罢。我就曾将螳螂与蝈蝈投入一笼，结果是，螳螂的大刀尚未施展攻击，就给蝈蝈的一对斧牙生生咬断了颈子。

再看一遍父亲的口述实录，我觉得要比典籍里的书面记载生动得多，也翔实得多。

汉语言文学的美好，总是扎根在最原始的质朴语素中，如果说"一代不如一代"这句话实在苛刻的话，至少可以说，中国最好的诗，都在《诗经》里。

随便拈一首就是佳句：

喓喓草虫，趯趯阜螽。未见君子，忧心忡忡。（《诗经·召南·草虫》）

南朝人刘孝标学这句，写出个"夫草虫鸣则阜螽跃，雕虎啸而清风起"（《广绝交论》），已经算了不起。到了唐代的韩愈，只写得句"乃令千里鲸，么么微螽斯"（《寄崔二十六立之》），到了今天，人们只会喊蚱蜢、唱蚂蚱了。

说蚱蜢不一定就俗。你看才女李清照：

闻说双溪春尚好，也拟泛轻舟。只恐双溪舴艋舟，载不动，许多愁。（李清照《武陵春·春晚》）

舴艋，就是蚱蜢。音相近而义相同。小蝗谓之蚱蜢，小舟谓之舴艋——这是王念孙的考证。易安那轻描淡写的苦乐哀愁，纵然格局微狭，也好过富丽堂皇般辞藻的粉饰和文字的堆砌，她的笔，再多的诗愁也是承载得了的。

然而最直指人心，却大象无形的语言，仍是《诗经》：

五月斯螽动股，六月莎鸡振羽。七月在野，八月在宇，九月在户，十月蟋蟀，入我床下。（《诗经·豳风·七月》）

干净利落，一丝不挂。最有力的文字和思想，总是简洁和安静，然而那速度和激情正如宇宙般燃烧在这静氛中。只要你去读，去展开那如机关般的思索，你稍微那么动了一点念，文本的想法就像一只安伏在草叶上的螽斯，唰——你还没回过神，它就消失了。

只有那片草叶，摇曳了三秒钟。

《尔雅》说："螽丑奋。"（此言，螽斯类的动作，都是奋力跳跃）

薰风
创作时间：
　　2015年

鱼

甲东贼
鱼活乌

鱼甲

鱼枕谓之丁,鱼肠谓之乙,鱼尾谓之丙。
——《尔雅·释鱼》

据做生意的朋友讲,但凡商家给自己的店面起名字,切不可带"天"字。为何?承受不起。谁有那作派,敢叫天?如此这般,十个有九个都得赔个老本朝天,解甲归田。

同样的道理,凡是极端得到了头的字眼,不论谁起名字,都须忌讳,有点类似古时候人民群众避皇帝名字讳。小时候我们村东头有个赶马车的小子叫世民,这要在唐代,还不得被马车给赶了?

但是皇帝是风水轮流转的,老子说"人法地,地法天,天法道,道法自然"。皇帝再牛,毕竟是人,跟人较劲还算不上触犯极端法则,可与天斗,与地斗,就得掂量掂量自己的砝码了。这个道理孔子总结得很好:

子贡问:"师与商也孰贤?"
子曰:"师也过,商也不及。"
曰:"然则师愈与?"
子曰:"过犹不及。"(《论语·先进》)

所以,中国有那么多叫"天外天"的酒楼,没有一家比得上杭州的"楼外楼"。做楼和做人一样,还是低调些的好。孙猴子尚且只叫个"齐天大圣",你动不动就管一歌星叫某某天王,那还了得,不是拥护,简直是捧杀。

除了"天字号",还有"甲"字。桂林山水甲天下,意思是天底下老子最牛,其实还是很谦虚,人家没跟王母娘娘的瑶池叫板。但是甲字毕竟还是有点生猛,叫人看了心慌,天底下那么多山水,谁敢号称自己就是甲的?这胆子还是很大。

胆子再大也比不上杜十娘的"公公",敢给自己儿子起名叫李甲,真是望子成龙心切到了相当"甲"的程度。结果这个甲子啥也考不上,还勾搭艺妓,最后连艺妓都鄙视他的为人,真是失败到了"甲"点。

然而我们没理由拿人类的标准指责动物,比如甲鱼。一来这名字是你们给起的,二来此甲意非彼甲。不然《满城尽带黄金甲》的票房也不会那么火,以那么"假"的剧情赢得那么"甲"的票房,是可甲孰不可甲?

甲鱼无罪,鱼之甲则堪可玩味。《尔雅》说:"鱼枕谓之丁,鱼肠谓之乙,鱼尾谓之丙。"就是说,鱼头骨样子像汉字的"丁"字(甲骨文和篆书的"丁"是个三角形,原意是铸铁块,所以后来管人口叫做人丁),鱼肠子呢形状就像汉字的"乙",鱼尾巴自然很像汉字的"丙"了。

为什么不见鱼之甲者?不是鱼谦虚,就是人谨慎。《水浒传》里面,燕青有胆有识有本事,也仅仅叫个"小乙",杜迁三脚猫功夫竟然唤作"摸着天"。老虎屁股尚且摸不得,何况玉皇大帝的?当然,万一黑天半夜看不清,摸着了王母娘娘的,后果就更不堪设想了。

鱼千里
创作时间:
2017年

活东

> 科斗，活东。
> ——《尔雅·释鱼》

古人管蝌蚪叫活东，这是出乎我们意料之外的——怎么有这个叫法呢？

唐伯虎《和沈石田落花诗》：

向来行乐东城畔，青草池塘乱活东。

朱彝尊《河豚歌》：

河豚此时举网得，活东大小同赋形。

可见，直到明清两代，"活东"这一称谓还时常出现于人们的文本语言习惯之中。

语言随时代而变，古代有书面语，也有日常口语，更有各地方言土语。今人又有无数的"网络语言"，虽然怪诞不经，甚至荒唐无稽，却不可否认或深或浅影响了时代的语汇系统。如此说来，年轻人或许会认为"活东"的叫法很可爱，不过是"活动的小东东"嘛！意思也对，尽管相去万里。

然而，"活东"这个字眼倒并未彻底消失。广州有个著名的娱乐场所叫做"荷里活东"DISCO。乍看起来很神奇，由"荷里活东"，首先联想到那首汉乐府诗：

江南可采莲，莲叶何田田，鱼戏莲叶间。鱼戏莲叶东，鱼戏莲叶西，鱼戏莲叶南，鱼戏莲叶北。（《江南》）

"荷里活东"，难道是指荷花池里游戏的蝌蚪？正如舞池里热情扭动的人们——那样的话,这个名字简直是太雅致了,太有诗情画意了。

可惜事实并非如此。"荷里活",在香港、广州等粤语地区,就是"好莱坞(Hollywood)",而"荷里活东"其实是指 Hollywood East Star Trax,全称"东方好莱坞明星舞会",曾经风靡整个八十年代,它有个响当当的简称:"荷东",作为当年那些沉迷电子音乐的年轻香港乐人的代表作品的称呼。1985年引进大陆后,"荷东"这个品牌,旋即成为时尚青年疯狂追捧的最爱。

虽然荷东的嘶吼粉碎了古乐府的清梦,但它启示我们,"活东"这个词汇,首先一定跟古汉语有关,其次,它可以从各地方言中寻到蛛丝马迹。

有了这两条线索,答案渐渐浮出水面。《说文》:"东,动也。"东方,呼应春天和早晨,日出而作,万物萌动,那么"东"字也就是"动"字。 原来如此:"活东",就是"活动"。

河南东部地区称蝌蚪为蛤蟆"各篓子";陕西一些地方方言叫"哈鱼子",就是瞎鱼子,其实蝌蚪并不瞎;苏北话,蝌蚪叫"崴物";温州话,比较直接,叫"鳖蟆仔仔",就是蛙仔,也有叫"Coo-do",纯是"蝌蚪"词汇的一音之转,还有"鳖蟆动动",这就十分接近"活东"了。至于东北话,更从读音和释义两方面切近古语。

东北人管蝌蚪叫"咕咚",或者"蛤蟆咕咚"。"咕咚"在东北话里有两个含义,一是形容词,表示机灵古怪;二是动词,活动的意思,尤指不规则运动,用物理学的术语说,就是"布朗运动"。在这里,"咕咚"显然就是《尔雅》所谓的"活东"了,意思是"活动",就是游来游去的活动的东西。那么,用现代人的理解,"活东"就是"活动的东东"也没什么不妥,真是歪打正着。

周作人当年也曾琢磨过这小小生灵:

《尔雅》云科斗活东,北京称虾蟆骨突儿,吾乡云虾蟆温,科斗与活东似即一语,骨突与科斗也不无关系。

知堂先生和黄侃一样,采纳音训法来解读《尔雅》。音训也好,义训也罢,对真理的寻求总是个充满挑战和趣味的永无止境的过程。许许多多过去的事物,在时空的角落里安静地等待着人们的探索和发现,哪怕现实冰冷。

"荷里活东"的咆哮依然可以在都市的水泥夹缝中听到一些残鸣,八十年代的青山绿水，却消失在环而不保的市场经济洪流中。于是，活东的身影越来越难见到，小蝌蚪藏在我们童年的梦境里，偶尔动一动、动一动。

小蝌蚪找妈妈
创作时间:
　　2017年

乌贼

> 乌鲗,八足绝短者。
> ——《埤雅》

郑屠挣不起来,那把尖刀,也丢在一边,口里只叫:"打得好!"鲁达骂道:"直娘贼,还敢应口!"提起拳头来,就眼眶际眉梢只一拳,打得眼棱缝裂,乌珠迸出,也似开了个彩帛铺的,红的、黑的、绛的,都绽将出来。(《水浒传》第三回)

梁山好汉杀人放火如家常便饭,骂骂人,暴两句粗口再正常不过,倘若温文尔雅,骂人不带脏字,反倒不像草莽英雄。可惜凡是脏字总要带"娘":张作霖的"妈个巴子"、蒋介石的"娘戏匹"、鲁智深的"直娘贼"。

"直娘贼"是当时的流行詈语,所谓詈语即脏话。同样是脏话,其中措词用字却大不相同:"娘"由于亲密、神圣和伟大而迂回地成为骂架双方彼此亵渎的对象;而"贼"则由于不亲密、不神圣和不伟大而被顺手拈来,对于骂人者来说算是直抒胸臆。

"贼"从古至今、从头到尾都不是一个好字眼。偷东西的叫贼,作恶的叫贼,背地里干些见不得人的勾当的叫贼,就连蜀汉王朝正义之师的卓越军事将领张飞同志,也被人叫做贼:

张飞挺枪出马曰:"是我夺了你好马!你今待怎么?"布骂曰:"环眼贼!你累次渺视我!"飞曰:"我夺你马你便恼,你夺我哥哥的徐州便不说了!"布挺戟出马来战张飞,飞亦挺枪来迎。两个酣战一百余合,未见胜负。

（《三国演义》第十六回）

吕布抓住张飞圆眼睛的特征（所谓"豹眼"）而辱骂其为"环眼贼"，类似于今天骂阵对垒中戴眼镜的一方被骂为"四眼狗"。眼睛和眼镜二者并不构成杀伤力，"贼"和"狗"才是施加于人的侮辱。然而狗毕竟不是人，贼却是人，拿一种人作为詈语去骂人，可见贼人和"贼"这个词是多么恶劣。周瑜曾恶评曹操"名托汉相，实为汉贼"，占山为王的叫山贼，出没海上的叫海贼，马上的叫马贼，家里的叫家贼，农民起义军叫毛贼，邪教信徒叫米贼，人民公敌叫国贼……

墨鱼叫乌贼。乌贼招了谁惹了谁？

乌贼即墨鱼，又名目鱼、墨斗、花枝，与鱿鱼、章鱼是亲戚。所不同的是乌贼体内有硬鞘（退化了的甲壳），入中药又称乌贼骨、海螵蛸，功效制酸、止血、收敛，可以治疗胃溃疡。此外，乌贼还身怀绝技，暂且按下不表。鱿鱼，学名枪乌贼，却是个软骨头，孬种，除了被吃就是被炒，同样是玩枪的，枪乌贼却丝毫没有环眼贼枪神张翼德的风采。尽管它的样子比乌贼俏丽，梭枪似的又细又长，事实上我们大多数人只能在餐桌上看见它被烹制后的尊容：鱿鱼丝或者鱿鱼卷。至于章鱼，简直是个大肉团，而且是个无赖，遇见心仪的猎物就用它的八只爪子死缠住不放，碰到危险就施展其变色龙的本领躲藏起来，到了冬季，这家伙还冬眠，没有食物吃就啃自己的八只手，直到把自己啃成一个纯粹的肉球为止。欧洲人喜欢把章鱼当作盛宴饕餮请上餐桌，一般人见状都会反胃。

乌贼有哪些绝学呢？第一，速度王。凡是号称贼的，没有点飞檐走壁的轻功和逃跑时的高速度，还怎么在江湖上混？乌贼在水中的运动原理和形态类似火箭发射，乌贼的速度不是一般的快，足以令历史上任何武林绝顶飞贼和轻功大师汗颜——最大时速达 150 公里！第二，烟幕弹。乌贼遇到危险就喷射腹内的墨汁，形成团团黑雾，既造成对敌人的伤害，又借此掩护迅速逃跑，所谓水遁是也。这要比 CS 动作快速有效得多。第三，变色龙。乌贼的皮肤就像个极精微的感应器，瞬间变幻身体的颜色，驾轻就熟，随心所欲。比川剧的绝学"变脸"更快，花样更多，效果也更强。

拥有这么多绝技的墨斗先生，按理应该得到我们人类虚心的敬佩。事实上，除了乌贼家族中的巨无霸"大王乌贼"偶尔会对人类生命安全造成威胁之外，普遍看来，小小乌贼和它的表弟鱿鱼一样，通常都是我们的盘中餐。而且，乌贼既不曾偷盗过农民伯伯家里的鸡犬，也不曾抢过地主员外家里的钱财，何以背负上贼子的恶名？

南宋学者周密对此作出了解答：

世号墨鱼为乌贼，何为独得贼名？盖其腹中之墨可写伪契券，宛然如新，过半年则淡然如无字。故狡者专以为骗诈之谋，故谥曰"贼"云。（周密《癸辛杂识》）

原来乌贼受了天大的冤枉。乌贼之贼非其贼也，贼在于人，乌贼替贼人背了永世的黑锅。这个来历，南北朝时期沈怀远所著的《南越志》早有记载："乌鲗怀墨而知礼。江东人取为书契，以给人物，逾年墨消，空纸耳。"

乌鲗即乌贼。然而，在该书中，对于乌贼名字的来历却给出了另外一种说法：

乌贼鱼，一名河伯度事小史，常自浮水上，乌见以为死，便往啄之，乃卷取乌，故谓之乌贼。（沈怀远《南越志》）

这个说法大概并不可靠。虽然乌贼可以借助其喷射的能力飞跃出水面50米，但并没有其漂浮海面且嗜好吃鸟的记录。宋代雅学著作《埤雅》引《义训》："寒乌入水，谓之乌鲗。"而稍晚的雅学著作《尔雅翼》也有相同记载："九月寒乌入水，化为此鱼。"按照"二雅"的说法，乌贼是乌鸦所化。既是乌鸦所化，又怎能反食乌鸦？于情于理都讲不通。

大概还是周密的解释最为靠谱。乌贼的墨汁常被骗子用来书写伪契约，而时间一久，这些墨汁就会褪色直至痕迹全无，到时候上当者只能痛骂哀叹，却毫无办法。于是人们"恨乌及乌"，把罪恶推到墨鱼的头上，遂有乌贼之名。

乌贼虽然背上了黑锅，却也因此成就了一个典故。劣墨汁，乌贼造——从此，乌贼出品的墨汁声名远扬，不用打广告就比"一得阁"、"曹素功"、"胡开文"和"宣和"都要有名。而且，人们用它来借喻子虚乌有的诺言和海誓山盟的梦幻：

密誓俄成乌鲗墨，新欢又占凤凰楼。（张令仪《读〈霍小玉传〉》）

誓成乌鲗墨，人似楚山云。（宋迁《寄试莺》）

当昨日的海枯石烂、浓情蜜意成为如露亦如电的梦幻泡影，剩下的只有那一纸苍白的誓言，全是用乌鲗墨写成。岁月哪怕一丁点的流逝，就使之变质、褪色，直至消遁不见。历史上的痴男怨女何其多，生生世世，朝朝暮暮，悲剧却不倦地重复、冷漠地上演，无尽无休。

所以，就算乌贼无罪，乌贼无心，乌贼的墨在心碎的痴人眼里也早是最冰冷决绝的血。"等闲变却故人心，却道故人心易变"，"多情却被无情恼"，这是永世的铁则。墨斗鱼那双浑圆的、无辜的环眼足以令愤怒的人们判它的罪——偷心者，贼之大也。汝虽无罪，与贼连坐。

"青山有幸埋忠骨，白铁无辜铸佞臣。"西湖边岳庙内的这对楹联讴歌民族英雄的同时，也对铸造秦桧像的原材料——白铁给予了最大的同情。反观乌鲗先生，作为伪契原材料的供应商，始终没有得到人们的正视和原谅。不但如此，人们一直在对乌贼进行肆无忌惮地捕杀，乌贼空有一身绝技，到头来却因为自己的绝活和才智断送了性命：

此鱼每遇渔舟，即吐墨染水令黑，以混其身。渔人见水黑则知是，网之大获。（陆佃《埤雅》）

乌贼的死全在于它不自量力、不择对象地耍弄小聪明，竟敢在人类面前耍花枪。其结果是光荣地成为著名的"四大水产"：小黄鱼、大黄鱼、带鱼、乌贼。反观那些凶残恶劣的禽兽——狼打家劫舍、吃人盗牧，却被人们赞为"良兽"，而狡猾残忍的豺则为"才兽"，真叫人愤呼天理何在！

宋朝诗人陆游的爷爷陆佃，专喜欢训诂名物，琢磨花鸟虫鱼。在他的《埤雅》一书中，陆佃对于豺狼名字的由来进行了牵强附会却颇有意味的解释：

豺祭狼卜，又善逐兽，皆兽之有才智者，故豺从才、狼从良作也。（陆佃《埤雅》）

弱肉强食，成王败寇。这个千古不易的道理，在人们对事物的命名上就体现得一览无余。于是，豺狼虎豹依旧在山野间横行无忌，墨鱼永远戴着贼帽在渔网里日复一日地绝望挣扎。名字是无形的力量，但是，只有在鲁提辖的拳头、张翼德的蛇矛枪下，才有真正的硬道理。不然，纵使"怀墨而知礼"，乌贼也依旧是乌贼。

天下无贼
创作时间：
　　2008年

花

华 瓜
荣 丹 棣
木 牡 果
　 棠 苹

荣华

> 木谓之华，草谓之荣。荣而实者谓之秀，荣而不实者谓之英。
> ——《尔雅·释草》

中国人起名爱叫"花"字。因为花是美好的字眼，就连叫花子、花花公子都沾着点喜气。老百姓人家，取名梅兰竹菊的就不用说了，《水浒传》里膀大腰圆的纯爷们儿，一个个取名也花枝招展的。

小李广花荣，书里说他是"齿白唇红双眼俊，两眉入鬓常清。细腰宽膀似猿形"。显然，花荣放在今日也是一超级帅哥，而且名副其实。《尔雅》说："木谓之华，草谓之荣。"意思是，木本植物开花，叫做"华"，而草本植物开的花呢，就叫做"荣"了。花荣不但姓花，还叫花，花荣就是花花，花开了花，想长得不好看都不行。

拼命三郎石秀，书中并未具体刻画其外貌，但从他的绰号、性情、体形和身手来看，可是一点也不"秀"。第六十一回《放冷箭燕青救主，劫法场石秀跳楼》：

酒保前来问道："客官，还是请人，还是独自酌杯？"石秀睁着怪眼道："大碗酒，大块肉，只顾卖来，问甚么鸟！"酒保倒吃了惊……（《水浒传》第六十二回）

怪眼圆睁，满嘴粗口，肯定是"秀"不起来的了。《尔雅》说"荣而实者谓之秀"，就是说开花又结果的花，叫做"秀"；至于光开花却不结果的花，《尔雅》接着说"荣而不实者谓之英"。正好，梁山上就有一朵"英"：矮脚虎王英。这王英就更不用说了，恶毒地讲属于"二级残废"，其帅气程度肯定比石秀还要差得远。

可是为什么挺俊俏的两个名字，送给了五大三粗的石秀和五短身材的王英呢？这里面还是有学问的。首先，虽然都是"花"，品性却不同。

《尔雅》对"秀"的释义，如果再深入理解，我们会知道，原来"秀"就是指五谷庄稼一类的经济作物，是有很大的褒义成分的。评剧《花为媒》选段《报花名》里面唱道："六月六，看谷秀，春打六九头。"谷子开花，就叫做"秀"。同样地，稻子、麦子、高粱、玉米开花，都可以叫做"秀"。

而"英"呢，实际上是些既不出名，也不很艳丽的不太起眼的小花。比如公园和街边常见的点景植物扫帚梅，学名叫做"秋英"，意思是秋天开的草花；而春天原野里、小路旁，随处可见的野菜黄花地丁，别名"蒲公英"；此外还有"紫云英"，江南的湖泽遍地都是，作为牛羊的天然饲料，也是很贱的，虽然也用来制作蜂蜜，也是最廉价的一种蜜了。

由此看来，同样是花的"秀"和"英"，档次上有着严重的差别。在施耐庵眼里，王英这个色鬼，在路见不平的石秀跟前还是矮上一大截的。而且，石秀并非莽汉，他胆大心细，处处体现出精明。三打祝家庄一回，只有石秀凭借机敏，躲过追捕，并且巧立大功；怒杀潘巧云一回，石秀早早看出其中的破绽，将事情做了个了断。而王英是个不折不扣的草寇和流氓，可惜了扈三娘，一坨好粪，养了朵狗尾巴花。

除了秀与英的对比，梁山人物的命名还有第二层含义。《尔雅》的释义再清楚不过："木谓之华，草谓之荣。"无论荣、秀、英，都是草本植物开的花，本质上都是"草"。草寇也好，草莽英雄也罢，正符合他们强盗的身份。

梁山好汉没一个人叫"华"的，并非巧合，实在是因为八百里水泊畔，没有一棵开花的树，更别提大树参天。

载 2008 年 8 月《读者》原创版

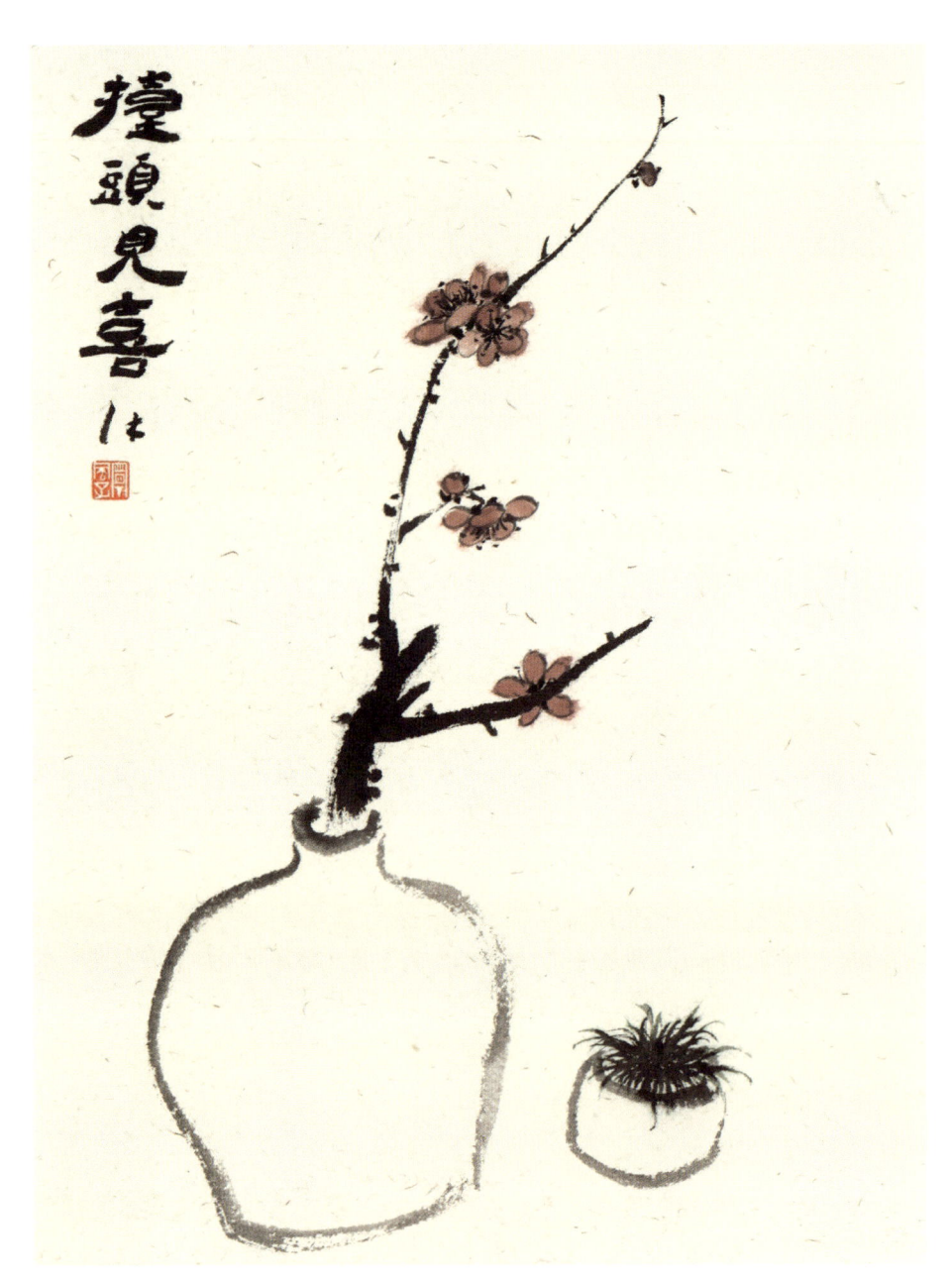

抬头见喜
创作时间：
2017年

木瓜

楙，木瓜。
——《尔雅·释木》

（一）

千百年来，木瓜承受着人们的误解，并且从这种误解中得到眷惠。下面这首诗妇孺皆知：

投我以木瓜，报之以琼琚。匪报也，永以为好也！ 投我以木桃，报之以琼瑶。匪报也，永以为好也！ 投我以木李，报之以琼玖。匪报也，永以为好也！

（《诗经·卫风·木瓜》）

这是最早大概也是最好的有关木瓜的诗。今天，受过高等教育的读书人，一边咬着水果店里买来的香甜的木瓜，一边不自觉地在脑海中盘旋着这不朽的诗篇，于是感到那口腔和舌尖的滋味，更加丰满圆润了。但是，此木瓜非彼木瓜。

宋人王观国明确否断了这一千古疑案。

诗之意乃以木为瓜、为桃、为李，俗谓之假果者，盖不可食不适用之物也，亦犹画饼土饭之义尔。（《学林》）

按王的说法，诗三百里的木瓜其实就是木头疙瘩——别人给我废物，我要用宝物来回报他，这是什么精神！这是中国礼仪之邦的人文修养，这是儒家崇尚的君子之道。如此说来，历代文人骚客对于木瓜的情感都是望文生义、一相情愿的单恋了。真的如此吗？

《诗经》里的木瓜到底是一种水果，还是一块木头？回到《诗经》，《诗传》曰：

"木瓜，楙木也。实如小瓜，酢可食。"酢就是古文的醋字，意为酸。不论体积还是味道，都绝然不会是今天水果店里的木瓜了，当然更否认了王观国所谓木制假果的可能。那么，《诗经》里的木瓜，会是它吗？

在世时间早于王观国约近百年的宋代学者陆佃，在其雅学著作《埤雅》中早已给出了十分肯定的答案，不仅如此，木瓜、木桃、木李全部登场，一应俱全：

其实如小瓜而有鼻，食之津润不木者，谓之木瓜；圆而小于木瓜，食之酢涩而木者，谓之木桃；木李大于木桃，似木瓜而无鼻，其品又下。（《埤雅》）

而比王观国和陆佃更晚的明代医生李时珍，对于三者性状更是了然于心，进一步支持了《诗经》中的木瓜确为真果的论断。《本草纲目》集解中记道：

真木瓜皮薄，色赤黄，香而甘酸不涩，其向里子头尖，一面方，食之益人……津润味不木者为木瓜。圆小于木瓜，味木而酢涩者为木桃。似木瓜而无鼻，大于木桃，味涩者为木李，亦曰木梨，即榠楂及和圆子也。

《尔雅》和《诗经》中的木瓜，也就是楙，正是《埤雅》和《本草纲目》所解释的木瓜。当然，和我们今天吃的木瓜完全是两个品类。前者为中国之固有，所谓木瓜、木桃、木李，和桃、李、梅、山楂、苹果、海棠一样，同属于蔷薇科；后者则属大风子科，又叫番木瓜，原产热带南美洲，乃南洋舶来品，17世纪才流入中国的进口货。

看看他们的别名和亲属就更加清楚：木瓜不必说；木桃，又称楂子（楂即楂）、和圆子、毛叶木瓜、木瓜海棠；木李，又称榠楂、蛮楂、木梨、光皮木瓜；还有皱皮木瓜，就是大家熟知的观赏花卉贴梗海棠。作为水果或药材的木瓜们，也许并不足称道，但作为可供欣赏的对象，却不时出现在古人的诗篇中。

有人喜爱木瓜的果实，如宋代张舜民的《木瓜》诗："木瓜大如拳，橙橘家家悬"；陆游的《或遗木瓜有双实者香甚戏作》："宣城绣瓜有奇香，偶得并蒂置枕傍。"有人赞美木瓜的花朵，王令的《木瓜花》："天教尔艳呈奇绝，不与夭桃次第开"；王禹偁的《海棠木瓜二绝句海棠赠木瓜》："群花自合知羞耻，莫对西施更学颦。"诗人们对木瓜木桃们绚烂的花朵誉美备至。

除了为木瓜赋诗，还有画家为其写真。宋代诗人范成大有两首题画诗，画

木瓜
创作时间：
　　2017年

的内容恰是《诗经》里的木瓜,更为有趣而难得的是,这两首诗一首献给瓜,一首献给花。

沈沈黛色浓,糁糁金沙绚。却笑宣州房,竞作红妆面。(范成大《题蜀果图四首木瓜》)

秋风魏瓠实,春雨燕脂花。彩笔不可写,滴露匀朝霞。(范成大《题赵昌木瓜花》)

古诗每云木瓜,往往必称宣城,可知木瓜自古以宣城所出最佳。宋人罗愿著《尔雅翼》,也提及宣城木瓜:

彼州种莳尤谨,遍满山谷。始实成,则镂纸作花傅其上。重雾之夜,露诸沙上,旦暴之日,则纸所不覆处皆红,文采如生,以充上贡。古以为苞苴,亦以此欤?(《尔雅翼》)

罗愿详述了作为贡品的宣楸,在栽培过程中需留心经营的特别之处,即果实未熟之际,剪纸敷贴其上,经露晞日晒,待采摘时,木瓜自然红润,呈现出剪纸的吉祥图样,以娱上悦。今人作祝福苹果之法亦学此类。

然而,文中最值得重视的是提到的"苞苴"之礼。何谓"苞苴"之礼?《诗传》注《木瓜》诗特别记载了孔子读诗的感悟,孔子说:

吾于木瓜,见苞苴之礼行。

郑玄笺云:"以果实相遗者,必苞苴之。"所谓苞苴,粗浅的解释就是包装,馈赠礼品不能袒露相送,至少要以蒲苇或白茅覆盖一下,以示诚意和敬重。言下之意是,彼此不去计较礼物轻重与否,重要的乃在于深藏在礼物下面的感恩的心,所以要将礼物遮挡。至于《尚书》曰"厥苞橘柚",更有深意——连橘子柚子这些有外皮的果品都要予以覆盖包装,何况其他呢。

所以,由小小一只木瓜,短短一篇诗歌,孔子读出了"礼"的真义。相形之下,如今的国人更加注重包装,而包装背后的"礼"却早已不见,礼既已失,自然也就谈不上真情,更论不到"仁"了。

(二)

言归正传说木瓜。其形小,其色藤黄,其状如库尔勒香梨,这才是《尔雅》和《诗经》里记载的木瓜，中国原产的货真价实的木瓜。

其实，木瓜也好，木桃也罢，木李也行，在拥有桃梅李杏无数名品的蔷薇科水果家族之中，实在属于当代"非著名水果成员"。他们的名字虽然承载着传统礼仪之邦的古老价值观，蕴含着人与人之间最珍贵的情愫，如今却只能隐退幕后，只有在那些旧诗文和故纸堆中，我们才得以觅见其芳踪。

京戏《锁麟囊》，讲述的是一个发生在两个女人之间与人为善、知恩图报的美好故事。故事的结尾处，薛湘灵唱：

今日相逢得此报，愧我当初赠木桃。

传统戏剧大都离不开"大团圆"式的结局，这样"老套"的故事自然躲不开"现代"，乃至"后现代"文艺批评家们的批判，文本于是就"解构"了。不论批评家如何批，拿什么批，批得天花乱坠也终究要落到点子上。毕竟，艺术的本质是动人，要触动人的灵魂。触动出了什么，那是读者的私事，但是否能够触动，却是作者的本事。动人，就需要"用深心"（米沃什语），与说教无关，与道德、理想和价值观统统无关。然而，倘若一部作品能够助人向善，又何尝不好？我们时代缺乏的，正是那颗木瓜。

十多年前，在江南小镇南浔的退思园，我第一次见到木瓜树。那是仲春，小桥流水的两岸，红的白的夹竹桃盛开，天空洒落着细雨，小莲庄内芙蕖池塘笼罩在雨丝织就的罗网中。木瓜树在园中亭亭玉立，宛若辛夷，木瓜小小的青涩果实羞答答悬挂在桠间枝头，游人从他的身畔匆匆走过。

《诗经》里古老的诗句蜷伏在每一张木瓜的叶片上，此刻显得无比沉静而孤独。

诗经·木瓜
创作时间:
2015年

牡丹

> 麜，牡麔，牝麎。
> ——《尔雅·释兽》

（一）

是金子总要发光的——一朵花的成长史就是很好的注脚。

牡丹，在历史上曾长期默默无闻。可是忽然有一天，它名满天下，花王、富贵花、国花等至高无上的美名纷至沓来。牡丹的成名伴随着唐代的崛起。然而，壮观如牡丹者，此前却被长久地忽视——这件事不能不让人疑惑。

（二）

《尔雅》中确实没有关于牡丹的记载。

不但《尔雅》没有，几乎所有古代典籍都没有。只有出版于宋代的《太平御览》一书，记载南北朝大诗人谢灵运说起过牡丹，也只是轻描淡写的这么一句：

永嘉竹间水际多牡丹。

其实我一直怀疑谢灵运所谓的牡丹是否真就是我们熟悉的牡丹，这种怀疑一方面来自《太平御览》编撰者的严谨性，一方面来自牡丹自身的生活习性和特征。养花的人都知道，牡丹宜干不宜湿，而且怕热，所以自古牡丹生长于北：洛阳、长安、菏泽、汉中。谢灵运说温州（永嘉）的水边、竹林里盛开牡丹，这就让人难以信服。我只能猜测，那是宋代编书人的杜撰或以讹传讹。

然而专研牡丹的专家学者还是大体断定，牡丹在中国的历史至少有一千四五百年。如此说来，牡丹最晚的栽培年代确当在南北朝时期。《刘宾客嘉话录》说"北齐杨子华有画牡丹"，尽管如此，唐朝之前，牡丹没有醒目地出现在文化典籍和艺术作品之中——这才是致命的：脱离了文化，一个历史事物就不存在。

或许可以设想，古时候的人们对牡丹早已熟知，但是国家的上层建筑和文化的主体，即士人阶层对它并不重视。而不重视的原因同样和文化有关。

魏晋南北朝时期，士人崇尚清谈。社会的动荡、人世的无常、命运的飘摇，令那些拥有文化霸权的人——官宦、士人和知识分子——形成了寡淡无为的思想性格。上层社会的达人如此，民间的野人更是如此，最著名的隐士陶渊明推崇的是菊。菊花的清高与孤寂，正应了隐士的心曲。牡丹的繁荣、绚丽与奔放，的确不合时宜。

地域也是一个因素。牡丹更喜欢中原的水土，它生长于黄河两岸，而东汉以后，除三国的魏和继之的西晋外，汉人政权皆在长江以南，之后的南北朝更是政权更迭，战乱频仍好像走马灯。于是牡丹就这样幽居在山野之间，无人问津。即便被砍柴的樵夫见到，也只是折下几枝回家给孩子他妈捏在手里把玩，哪有闲心雅趣为它赋上几首闲诗。

更耸人听闻的是，牡丹在很长一段时间里，竟然真的是樵夫斧头下的柴火：

丹延以西及褒斜道中，与荆棘无别，土人皆伐以为薪。（谢肇淛《五杂组》）

陕西汉中北部褒河两岸、褒斜道两侧的高山峡谷的灌木丛中，就曾生长有无数的牡丹。这些牡丹年年盛放，花开花谢，无人问津。只有他们的枝干被樵人砍伐，抛进炉火里，点燃北方整个寒冷的冬天。

乱世出英雄，但这句话只是局部真理。对于牡丹来说，生于乱世，一个人心不古的喧嚣年代，是幸还是不幸？

（三）

唯有牡丹真国色，花开时节动京城。（刘禹锡《赏牡丹》）

现在，关于牡丹，实在没有什么可说的，唐人已经颂扬得太多——尽管大唐盛世之前中国漫长的历史中，牡丹在群芳谱中根本没有位置（倒是芍药名满天下），但牡丹刚一亮相，就力拔头筹，赢得满堂彩，上至皇帝老儿，下至黎民百姓，无不为之疯狂。整个有唐一代，牡丹端坐在花王的宝座上长达二百年之久，且迄今不衰。

唐人的疯狂是真的疯狂。

那时候的首都长安，到了花开时节，有无数的外地人专程跑来，就为了一睹花王的尊容。每当北漂的人离开长安，往往挥泪，生怕此生再也不能一见。诗豪刘禹锡送别朋友之时，吟诗道：

其奈明年好春日，无人唤看牡丹花。（刘禹锡《送浑大夫赴丰州》）

如今，人们对身外何物还能有此依恋？

那时候的资本市场中，牡丹就是大家热捧的股票，比绩优还优，比蓝筹还蓝。翻开《全唐诗》，满眼都是"牡丹一朵值千金""一夜轻风起，千金买亦无""此物疑无价"。因狂购牡丹而破产的富豪和高官大有人在，"破却长安千万家""牡丹妖艳乱人心，一国如狂不惜金"。

人们总是习惯于把罪名加诸被宠爱的无辜者身上。爱也牡丹，恨也牡丹。唐人对待牡丹，就像对待那个爱花羞花的第一夫人——一群匪兵造反，皇帝弃花逃命，承担罪名的却是杨玉环。牡丹价格高飙到偏离其价值好几个百分点，几家欢乐几家愁，那些愤怒的人们对牡丹的爱终于转化为炽热的恨。

还是白居易同志宽容和公允，他有两首诗，一首献给贵妃，一首题赠牡丹。《长恨歌》："在天愿作比翼鸟，在地愿为连理枝。"我相信这连理枝，一定是牡丹，因为那是贵妃生前和明皇的最爱。《买花》："一丛深色花，十户中人赋。"语调不疾不徐，非常平静，抨击的并非是花儿，而是荒唐的现象、现象背后的现实和现实中那无数个执迷不悟的人。

（四）

我很不解，许多事物命名的原因。比如牡丹。

这个字眼从听觉上说很有分量，"牡"字含蓄而深沉，先压住了阵脚；而那个"丹"字的尾音,听起来沉甸甸的,却又有动感,像一颗又一颗的珠子,忍不住要往下掉。

而视觉上呢,"牡"很牛气,生猛的感觉;而"丹"字,则女性化一些,娇滴滴的模样。可谓一阴一阳,刚柔并济。

从字意来解读,"牡"是雄性的动物,《尔雅·释兽》描述四不像(麋鹿):"麋,牡麚,牝麇。"意思是说公的麋鹿叫做麚,母的麋鹿叫做麇。《老子》也写道:"未知牝牡之合而朘作,精之至也。"由雄性引申,"牡"是指一切雄性的、刚强的、阳性的、高大的、壮大的事物。《大戴礼记》:"丘陵为牡,溪谷为牝。"丘陵就可以称作牡,而溪谷则被称为牝。《说文解字》中对牙齿的解释:"牙,牡齿也。"牡齿就是大槽牙,也叫大牙。至于"丹",是朱砂,代表鲜明的红色。

既然"牡"为大、"丹"是红,那么"牡丹"的直译就是"大红花"。文字一变,味道一下子全变了。不过现在想来,过去拥军拥属的时候,穿着绿军装的解放军同志们胸前,那朵朵大红花的模样,还真就是按照牡丹花的形态仿制而成的。中国人毕竟是聪明而有文化的。

倾城
创作时间：
2017年

棠棣

常棣，棣。
——《尔雅·释木》

有两种植物——棠棣和棣棠，围绕着他们，还有其他许多相近相关而芜杂不清的名号：常棣、唐棣、棣、栘……在这些文字符号的背后，古人到底想确指和表达什么？对于这桩名物公案，古今学者之诠释众说纷纭，千百年来乱象纷呈。

先来看看三百篇里，我们很早就熟稔的诗歌：

常棣之华，鄂不韡韡（wěi）。凡今之人，莫如兄弟。（《诗经·小雅·常棣》）

《诗序》说此篇"燕兄弟也"，朱熹评"以明兄弟之情"，皆是此意。《诗经》中所轻描淡写的任何一种花鸟草木，都在后世成为涵义隽永的象征、恒久经典的意象，诗中的"常棣"自然莫能例外。

常棣意味着兄弟。古代文人间尺牍往来，称兄道弟，"弟"可直书作"棣"，即为明证。然而，前面的"常"字后世却极为罕见，乃至消失，而渐渐代之以"棠"。"棠棣"成为传统文化中最常见的手足之情的代称，缤纷闪耀在历代文学作品的字里行间。

唐代张九龄在寄给兄弟们的诗中吟咏道："兴逐蒹葭变，文因棠棣飞"；宋代苏轼则与友人诗曰："棠棣并为天下士，芙蓉曾到海边郛"；明人编著的启蒙读物《幼学琼林》："兄弟既翕，谓之花萼相辉；兄弟联芳，谓之棠棣竞秀"；近现代，郭沫若的著名话剧《棠棣之花》，依旧留恋着这意味深长的花朵；而今天，我们在KTV的卡拉时光里，也经常会听到老同志们熟悉的歌声："棠棣丛丛，朝雾蒙蒙，水车小屋静……"

古时，文字互相通假亦是惯例。清代学者马瑞辰即指出："《御览》引《诗》'棠棣之华'，常为棠字之假借。"可见，棠棣和常棣是同一语汇，原本指向一物，那么此物为何？

神秘的诗人李商隐在《寄罗劭兴》一诗中似乎为我们寻找到这神秘花朵的芳踪：

棠棣黄花发，忘忧碧叶齐。人闲微病酒，燕重远兼泥。混沌何由凿，青冥未有梯。高阳旧徒侣，时复一相携。

对仗工整的诗句中，"棠棣"和"忘忧"分别指两种植物，李商隐说他看到了碧叶整齐的忘忧、黄花盛开的棠棣。忘忧学名萱草，即古称谖草，俗名黄苗子，她是母爱之花，椿庭、萱堂在古时代指父母双亲。此处诗人将二者并举，一方面符合植物正常生长规律（"棠棣"花开时，萱草正长叶），另一方面也隐含着情感的隐喻和象征：一边是母亲的爱，一边是兄弟之情。

不过这开黄花的，就是《诗经》中譬喻兄弟之情的棠棣吗？今日，每到春天，城市公园中随处可见一丛丛随风摇曳的碧叶黄花。然而，这些摇曳的黄花，叫做棣棠，并非寓意兄弟情的棠棣。

李商隐错把棣棠认作棠棣，以至于清代文人冯浩面对李义山的诗句时百思不解。他喃喃自语地说：

《尔雅》分列唐棣、栘，棠棣、棣，而疏以《召南·唐棣之华》《小雅·常棣之华》分属之。《本草》合引于郁李下。今且未细剖，而其花或白或赤，皆不言黄。故程氏谓今人园圃中有名棣棠者，花繁黄色，义山其指此耶？所揣颇似之矣。

大概意思是说：《尔雅》里有唐棣、棠棣，《诗经》里也有唐棣、常棣。到了李时珍的《本草纲目》，又把他们合并在"郁李"的条目之下，但郁李的花只有白、红两种颜色，没听说过有黄色的！如今听说有的人家园子里有一种叫棣棠的，倒是开黄花。李商隐指的难道是这种花吗？我感觉很像！

其实冯浩不必犹豫和迟疑，人家园子里种植的棣棠，恰是李义山诗句里开着黄花的所谓"棠棣"，别名黄榆梅，今天我们在公园中也经常可以见到。日本人称她为"山吹"，比如松尾芭蕉的诗句，"山吹凋零，悄悄地没有声息，飞舞着泷之音"（《万叶集》）。有一种日本产的国画颜料就以之命名，色泽明黄，近似古代皇帝的龙袍。

中国古诗中，歌咏棣棠的作品蔚然可观，但值得注意的是两位南宋诗人的作品。宋末元初的董嗣杲有一首题为《棣棠花》的七律：

绿罗摇曳郁梅英，袅袅柔条韡韡金。荣萼有光倾日近，仙姿无语击春深。盛传覆弟承华喻，别纪遗恩苃木阴。晚圃甚花堪并驾，周诗明写友于心。

由首联可以明白看出，不论"郁梅英"还是"韡韡金"，诗人眼里的棣棠与我们今日之棣棠花无异；但诗人首先联想起的无疑是《诗经》中"鄂不韡韡"的棠棣，因为颔联、颈联乃至尾联，"荣萼有光""覆弟承华喻"及"周诗明写友于心"数语更确切地指向那寓意兄弟之情的花朵。

由此可见，不论唐代的李商隐，还是宋代的董嗣杲，乃至清代的冯浩，对于他们而言，棠棣与棣棠之名物所指始终纠缠不清。然而，漫长的文化史中，终究不乏清醒者，南宋的范成大便是其中的一位。范氏写有两首诗，分别关乎棣棠和棠棣，其中一首就叫《沈家店道傍棣棠花》：

乍晴芳草竞怀新，谁种幽花隔路尘？绿地缕金罗结带，为谁开放可怜春？

"绿地缕金罗结带"，大概也直接影响了董嗣杲的诗句（绿罗摇曳郁梅英）对棣棠金黄花朵的描述。所不同者在于，董氏并不能分别棣棠与棠棣；而范石湖，这位曾撰写过《梅谱》和《菊谱》的有心人，在他的另一首诗《锦带花》中，首联即明白无误地呈现了象征兄弟情的棠棣的姿容：

妍红棠棣妆，弱绿蔷薇枝。

范石湖将锦带花红艳的花朵比作棠棣，棠棣花的"妍红"与棣棠花的"缕金"，显然绝不相同，更非一物。再回顾冯浩对于李义山的质疑："《本草》合引于郁李下。今且未细剖，而其花或白或赤，皆不言黄。"终于，本文的主人公棠棣，伴随着一个新角色"郁李"，一道浮出水面。

相对那几个远古的名字来说，今人也许更熟悉郁李。不过也难说，因为生活在都市里的人们很难见到。小时候，家乡早春时节，山坳里总能发现几簇郁李悄然盛放，白的粉的一串串相拥成团，类似野樱桃花，也像李花。待到仲夏，郁李的果实成熟，比樱桃稍大，滋味像李子，微酸，回甘绵绵，别具风味。它的种子常被采集，晒干后的"郁李仁"是有价值的中药，可以利尿消肿，有润肠之功效。

其实，郁李很早就出现在《诗经》中。《豳风·七月》："六月食郁及薁，七月亨葵及菽。"诗中的郁便是郁李，《毛诗传》："郁，棣属。"《毛诗义问》释曰："其树高五六尺，其实大如李，正赤，食之甜。"

然《诗传》说郁李乃棣属，什么是棣属？回头看《尔雅》："唐棣，栘；常棣，棣。"好不容易厘清了常棣和棠棣、棠棣和棣棠、常棣和郁李，现在又冒出来唐棣、棣和栘——有点文字游戏的味道，只不过这游戏并不好玩。

《诗》云："棠棣之华，偏其反而；岂不尔思，室是远而。"孔子曰："未之思也，夫何远之有？"（《春秋繁露·竹林》）

这首逸诗提到棠棣，《论语·子罕》引作"唐棣"。那么，唐棣即棠棣吗？是否如常棣一样，也属一种通假？何晏《论语集解》云："唐棣，栘也。"与《尔雅》同。陆玑《毛诗草木鸟兽虫鱼疏》说："唐棣，奥李也。一名雀梅，亦曰车下李。"奥李亦即欧李、郁李，如此说来，栘、唐棣和棠棣皆是一物了，似乎省却烦恼无数。然而明代的李时珍却反驳道：

陆玑以唐棣为郁李者，误矣。郁李乃常棣，非唐棣也。（《本草纲目》）

与其说，李时珍指出陆玑的失误，不如说其指出失误之根源在于《尔雅》。《毛传》："棣，唐棣也。"以唐棣解释棣，而以常棣解释栘，正与《尔雅》相反。《玉篇》也说："栘，……棠棣也。"因为唐、棠、常三字同声，千百年来传写互伪，以致后世学人抽丝剥茧，棘手为难。如此，正确的说法应该是：唐棣，棣；常棣，栘。

陈奂《毛诗传疏》支持了这一论断，其谓《尔雅》当作'唐棣，棣；常棣，栘'"。棠棣便是常棣，便是栘，便是郁李。难怪《韩诗》此篇曰"夫栘之华，萼不韡韡"，直以夫栘代常棣。而《韩诗》写得更明白："夫栘，燕兄弟也，闵管、蔡之失道也。"正与《毛诗》之《常棣》篇同。那么，最后的谜团便是："唐棣，棣"又是指什么呢？

仍然是《诗经》，这首诗同样家喻户晓：

何彼秾矣，唐棣之华！曷不肃雍？王姬之车。

何彼秾矣，华如桃李！平王之孙，齐侯之子。

其钓维何？维丝伊缗。齐侯之子，平王之孙。（《国风·召南·何彼秾矣》）

郭璞注《尔雅》，直以"唐棣，栘"为白杨："似白杨，江东呼夫栘。"这就有些添乱，花花草草间忽然冒出棵大树来，难怪古人都有些看不过去，清人马瑞辰直接谓其"失之"。实际上，郭注似白杨者乃栘杨，见《古今注》："栘杨，圆叶弱蒂，微风大摇，一名高飞，一名独摇。"别是一物，与唐棣无关。至于支持"白杨说"的学者们，举杨树"圆叶弱蒂，微风大摇"，以合逸诗"偏其反而"之意，更是荒诞不经——诗中明明说的是"唐棣之华"，关叶子何事？

还是观照诗歌本身。首句言"何彼秾矣，唐棣之华"，既称纤秾，花必艳丽；而接下来第二句"何彼秾矣，华如桃李"，非常清晰地指出"唐棣之华"什么模样——"华如桃李"。不正是郁李之属吗？！

对此，《说文》分析得很清楚："栘，棠棣也"；"棣，白棣也"。而且，许慎进一步解释道："白棣树也，如李而小，如樱桃正白，今官园种之。又有赤棣树，亦似白棣，叶如刺榆叶而微圆，子正赤，如郁李而小，五月始熟。"唐棣便是白棣，而棠棣便是赤棣。郝懿行《尔雅义疏》解释唐棣说："即今小桃白也。其树高七八尺，花叶俱似常棣，其花初开反背，终乃合并。"这就验证了《论语》所引逸诗"偏其反而"的含义。

可见，所谓唐棣，白棣者，正与棠棣、郁李似，只不过花色稍异，前者偏白，后者偏赤，都可笼统归于古人所谓"棣之属"。而按照今天植物学观点来看，无论唐棣还是棠棣，棣棠还是郁李，乃至于众所周知的观赏花卉小桃红，其实都是近亲，同归于蔷薇科大家族。现在，我们可将本文关注的相关名物总结如下：

棠棣，栘，赤棣，郁李。

唐棣，棣，白棣，小桃白。

榆梅，榆叶梅，小桃红。

棣棠，黄榆梅，山吹。

桤杨，扶桤，桤柳，野白杨。

除了桤杨之外，其他几种花木同属蔷薇科，难怪人们面对这群堂兄弟而感到困惑。而棠棣与唐棣，不但名称雷同，又因在血缘上更为亲近，在外观上尤其相似，以致百代莫辨。

千载以下，这些"华如桃李"的棣属植物，以棠棣为核心，由《诗经》肇始，经后世文人铺陈烘托，终于建构出一个坚固的象征兄弟情义的隐喻。可以大胆揣测，当明代的文人罗贯中提笔撰写那段三国风云，刘、关、张初相逢结义盟誓之际，他一定首先想到了棠棣。又因为棠棣的意象，不论时空，与现实之距离都实在太久远，于是迁想妙得，化棠棣为桃李，遂有流芳百世的桃园三结义。至于日本民歌《北国之春》歌咏亲情，手足情深的起兴，仍是朝雾蒙蒙之中春花摇曳的棠棣。

诗人吟咏的兄弟之花，原本一直在大自然的山野间开放。只是人们蜗居于一室之内，耳边不再有山风，眼前不再有野花。那些古老的文化符号和津津乐道的诗歌意象，成为熟视无睹的空壳，无数叶公好龙式的吟诵，还在今人的唇角嗫嚅着麻木上演。而那最真实的棠棣，开着朴素而绚烂的小花，缀着红润可爱的果实，早已淡出人们的视线。

北宋黄庭坚，有两篇写给诗友任仲微的诗，其中一篇特以棠棣相喻：

邂逅相逢讲世盟，诸任尊行各才名。交情吾子如棠棣，酒椀今秋对菊英。高论生风摇尘尾，新诗掷地作金声。文章学问嗟予晚，深信前贤畏后生。

（黄庭坚《次韵答任仲微》）

任仲微之父任伋，也是眉山人，与苏洵交善。而黄庭坚与苏轼，师友之间也。中国人重人情，讲世交，父一辈子一辈的情感，往往不是亲人胜似亲人。不像那位篡夺侄子帝位的朱棣，亏欠了其名——"鄂不韡韡"的兄弟之花。

棠棣之华
创作时间:
2017年

苹果

> 朹，檕梅。
> ——《尔雅·释木》

今天最普通的苹果，在古代曾是稀罕物。苹果鲜见于诗文歌赋，在水果王国中，乃一介平民，似乎离"文化"太远。跟荔枝、仙桃、木瓜、青梅、枇杷、海棠这些星光熠熠的、浑身缀满了名诗名篇的水果明星相比，实在没法等量齐观。

然而关于苹果却大有话说。因为它身世复杂，学贯中西；因为历史告诉我们，千百年后，它将鹊起于江湖。

一代行踪诡异、神秘莫测的大侠横空出世。而且，与传说中的少年剑客一样，苹果与另外几种见诸典籍的水果佳人韵事不断、纠缠不清、瓜葛难尽，风流天下闻。

苹果的一生充满了谜团，它本身就是个香帅传奇。

（一）谜团

塞尚、马蒂斯、蒙德里安、高尔斯华绥、蒲宁以及格林……苹果缤纷散落在西方任何形式的文本之中：绘画、小说和诗歌。比如我最喜爱的波兰诗人米沃什这首《窗》：

黎明时我向窗外望去，
看见一棵年轻的苹果树在晨光中几乎变得透明。

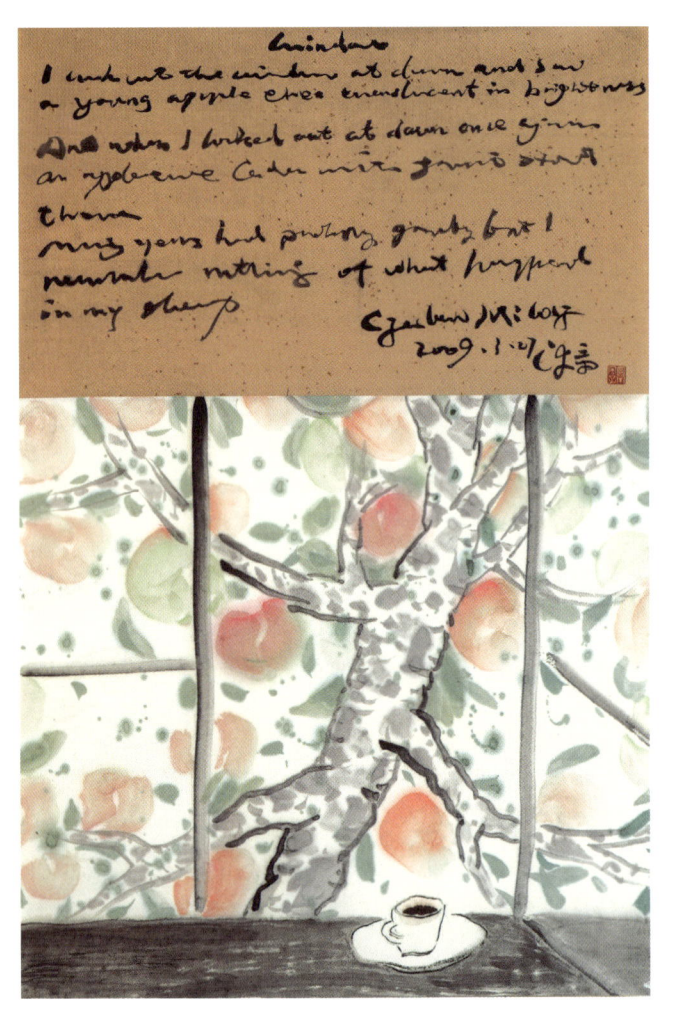

米沃什诗意图

款题：

    Window :

    I looked out the window at dawn and saw a young apple tree translucent in brightness.And when I looked out at dawn once again, an apple tree laden with fruit stood there.Many years had probably gone by but I remember nothing of what happened in my sleep.

    Czeslaw Milosz

    2009．3．27．沐斋。

创作时间：

    2009年

当我又一次向窗外望去，
一棵苹果树缀满果实站立在那里。
或许经过了许多岁月，
但我记不清在睡梦中发生了什么。

然而在中国，历史上的苹果似乎在这块广袤的土地上隐匿于无形，确实"经过了许多岁月"——从"诗三百"到"唐诗三百首"，从《尔雅》到《通雅》，从"诸子百家"到"古文八大家"，及至宋词、元曲，我们都找不到"苹果"的身影和足迹。

要晓得，中国文人有一个特点：但凡一个新鲜的名词被前人提及，大家就都跟上，谁逮住谁就用，当然是往自己的诗文里用，绝不放过一条漏网之鱼。古人把这种跟风行为叫做"用典"——往坏处说这叫"掉书袋"，往好里说这叫保持和强化文化的传承。

因而，苹果没有被"用典"，绝不可能是被人忽略。它"幸运"或"不幸"地成为漏网之鱼，只有两个原因：一、苹果来晚了；二、苹果有过曾用名，而我们不知道。

苹果的确来得太晚了。

1620年，中国历史上一个普通的年份，却发生了两件值得我们注意的事情。第一，这一年，皇帝朱翊钧去世，宣告统治中国时间最长的皇朝之一万历朝结束，明朝这个庞大帝国多年积聚的沉疴全面迸发，从此走向没落，距离它的覆灭也只有二十几年，而华夏文明从此再也没有能量绽放起唐宋王朝的灿烂光华。第二，万历三十二年进士王象晋的植物学传世巨著《群芳谱》大功告成，这部耗时十年之久的杰出著作日后将成为中国农学家、植物学家、环艺家、画家乃至文人学者的心仪宝典，至此，我们今日所见的绝大部分花果草木都可以在这本书里找到。

天启元年（1621），这部四十万字的著述出版。而本文的神秘主角"苹果"，也终于第一次出现在世人面前：

苹果：出北地，燕赵者尤佳。接用林檎（qín）体。树身耸直，叶青，似林檎而大，果如梨而圆滑。生青，熟则半红半白，或全红，光洁可爱玩，香闻数步。味甘松，未熟者食如棉絮，过熟又沙烂不堪食，惟八九分熟者最美。

小苹果
创作时间:
　　2017年

（《群芳谱·果谱》）

苹果的来历至此似乎已很明了，王象晋说，苹果，即苹婆果的简称。但恰是这个简称引来更多的麻烦。就在"苹果"条目之前，王象晋写道："柰（nài），一名苹婆。"

苹果就是苹婆果，现在又冒出一个"柰"，它也叫苹婆。到底谁是苹婆？或者都是苹婆？

而这个"柰"又是谁？

还有那个"林檎"，它跟苹婆、苹果和柰，又是怎样的关系？

而当我们试着拨动历史的时针，我们才发现，更大的麻烦其实还在后面。1578年李时珍在他的医药学专著《本草纲目》里说：柰"梵言谓之频婆。""柰与林檎，一类二种也。"半个多世纪后的1639年，徐光启的农学圣经《农政全书》也说："柰，一名苹婆。"问题是，他们只重视"柰"，"苹婆"仅仅是作为柰的别名，更没有理会"苹果"，尤其是跟王象晋基本同龄的徐光启，对于苹果只字不提，好像在他们眼里，"苹果"根本就不存在。

有一件事我们必须首先抓紧去做，那就是摸清这个"柰"到底是什么来路。也许，它就是我们所不知道的苹果？

（二）柰

她是与苹果关系暧昧的头号人物，然而她的资格实在远比苹果要老，老得多。柰绝非等闲之辈。

桐花最哀怨，碧柰空参差。（柳如是《拟古诗十九首》）

一代才女柳如是轻描淡写的这一句，写尽柰之美。对于"柰"，今人太陌生，可古人却太熟悉。下面这则故事是后世流传的关于苏东坡众多趣闻轶事中的一个：

刘贡父请客吃酒，苏东坡因事先走一步，贡父曰："幸早里且从容。"东坡答："柰这事须当归。"

表面看，两人的对话太过寻常，实则这是一次轻描淡写间呈现的电光火石般的言语交锋。贡父的一句话六个字里面包含了三种水果和一种草药的名称：杏、枣、梨、苁蓉。东坡的回答与之巧妙呼应：柰、枳、柿、当归。

故事的真实性不必追究，我所关注的是这样的事实："柰"对于古人来说司空见惯。汉代司马相如《上林赋》："枇杷橪柿，亭柰厚朴"；西晋潘岳《闲居赋》："二柰曜丹白之色"；左思《蜀都赋》："朱樱春熟，素柰夏成"；南北朝杨衒之《洛阳伽蓝记》记载华林园有"柰林"；北宋韵书《广韵》："柰，果木名"；《千字文》："果珍李柰，菜重芥姜"……

《千字文》的编撰者只为追求背诵者琅琅上口，我们却万不能拘泥于字眼而断言：李子和柰是果中之极品，芥和生姜是蔬菜之王。三国魏曹植《曹子建集》载有《谢赐柰表》："柰以夏熟，今则冬生，物以非时为珍。"不难了解只有冬季出品的柰才显得珍贵，而应季的柰果则十分寻常。

事实上，柰和桃李一样，是再寻常不过的水果，而且显然历史极为悠久。《尔雅》写："朹（qiú），檕（jì）梅。"晋朝博物学者郭璞注释说："朹树似梅，子如指头，可食，赤色，似小柰也。"

所谓朹、檕梅，就是山楂。今天我们知道，山楂、苹果、李、梅、杏子，这些都是蔷薇科家族的近亲。郭璞说山楂果像小柰，可见柰在汉晋时期是比山楂更常见的水果，而且它的个头要比山楂大。对于柰这种古老的国产水果而言，本来没什么可疑惑的。从两汉、魏晋、南北朝直至唐宋的史料中，我们都可以找到柰的身影。可偏偏到了元明时期，大概随着引入的洋货越来越多，人们开始眼花缭乱，对于果物的名实也众说纷纭。正是在这个时期，典籍中第一次出现了苹果，当然更常见的名字是"频（苹）婆"。其实，这一切在元明以前，不管苹果也好，苹婆也罢，根本不存在。

元明之前的中国人，就知道两个与苹婆或苹果关系密切的家伙：一个是柰，另一个叫做林檎。

柰是否就是我们熟悉的苹果呢？答案看来似乎是否定的。明代王世贞《弇（yǎn）州山人四部稿》："频婆今北土所珍，而古不经见，唯《楞严》诸经有之。或云元时通中国始盛耳。"周祈《名义考》也提到频婆果乃"故西域种，不知何时入中国也"。可见，苹婆果与古人早已熟稔的柰好像不是一码事。

清朝人陈淏子写于1688年的园艺学著作《花镜》这样介绍柰：

柰，一名苹婆。江南虽有，而北地最多。与林檎同类。有白、赤、青三色。白为素柰，凉州有大如兔头者。赤为丹柰，青为绿柰，皆夏熟。凉州又有一种冬柰，十月方熟，子带碧色。又上林苑有紫柰，大如升，核紫花青……西方柰多，家家收切，曝干为脯，数十百斛以为蓄积，谓之苹婆粮。

如此看来，这里所描述的柰，实实在在就是苹果。《花镜》的注释者也在该条目下直接解释道："柰是我国苹果的古名。又名苹婆、苹婆果、苹果。"而清代的《广群芳谱》则明确指出柰和苹婆、苹果是同一种果树："本草不载苹果，而释柰云：一名频婆……频婆又当属此果名。"

看来这就是李时珍和徐光启为何对"苹果"只字不提的原因：苹果无非是苹婆的别名，而苹婆也好，苹果也罢，都不过是柰的新名词。如果事实果真如此的话，那么，柰是从何时起拥有了"苹婆"这个新名词的呢？柰又是如何演变成所谓的苹婆果的呢？

（三）苹婆

我们已经知道，在明朝人的观念里，苹婆这个词汇已经十分普通，关于苹婆果的记载比比皆是。那么再早一些呢？比如元朝……

元末熊梦祥《析津志》"物产"门中"果之品"首列葡萄，其次为"频婆"，并标注道："大如桃，上京者佳。"而同样生活于元朝末年的周伯琦在《扈从诗后序》说："宣德……有御花园，杂植诸果，中置行宫。果有名平波者，似来檎而大，味甘松，相传种自西域来，故又名之曰回回果，皆殊品也。"从这段描述中，我们可以得到如下信息：一、苹婆应是元朝末年自西域引入；二、其时"苹婆"又名"平波"，两名称皆为音译，同时出现，经常混用；三、苹婆自西域传入后并未广泛栽培，而是作为珍品仅在皇帝的御花园试种。

甚至到了明朝初期，苹婆和平波两个不同的译名还都在同时使用。明成祖永乐四年（1406）朱有燉《元宫词百章》就写到苹婆：

兴和西路献时新，猩血平波颗颗匀。捧入内庭分品第，一时宣赐与功臣。

兴和西路大致在今陕西、甘肃、内蒙古及以西一带,即引进西域苹果的早期繁盛地。可见即便在明朝早期,平波还是稀罕物,皇帝拿它奖赏优秀的领导干部。再看看明朝大学士张居正之子张懋修在《谈乘》里的描述,更能断定"苹婆"确实是个音译外来词,而当时珍奇的苹婆果正是在元朝来到了中国:

燕地果之佳者,称频婆,大者如瓯,其色初碧,后半赤乃熟,核如林禽,味甘脆轻浮。按古果部无此,宋人品果亦无之,或以为元人方得此种于外远之夷,此亦或然。按燕中佳果,皆由枝接别根,而土又沙疏,是以瓜果蔬菜易生。若频婆者,得非以林禽接大梨树而化成者乎?……或曰:矧如由接而成,何以名频婆乎?曰:此胡音也。(张懋修《谈乘》)

其实,即使在整个明朝,苹婆也始终是一种奇珍异果。晚明的徐渭吟诗曰:

石密偷将结,他鸡伏不成。千林黄鹄卵,一市楚江萍。旨夺秋厨腊,鲜专夏盌冰。上元灯火节,一颗百钱青。(徐文长《频婆诗》)

抛开对徐渭诗的各种隐喻性揣测,仅仅就诗论诗来看,这首诗其实只表达了一个中心思想:赞美苹果。徐渭是怎么赞美的呢?

石密就是白糖,一说是梵语的冰糖,又是樱桃的代称,总之起首一句是说苹婆果很甜,而"他鸡伏不成",要联系后两句理解,"千林黄鹄卵,一市楚江萍"——黄鹄就是天鹅,把苹婆果比作天鹅蛋考虑的不光是形状,更重要的意思是说苹果这种奇珍绝不是母鸡之流可以孵化得了的,它可是天鹅蛋啊、它可是楚江萍啊!什么是楚江萍?杜甫有诗在先:

荣华贵少壮,岂食楚江萍?(《奉酬薛十二丈判官见赠》)

楚江萍,就是楚昭萍。该典故见于《孔子家语》及《说苑》:

楚昭王渡江,有物大如斗,直触王舟,止于舟中。昭王大怪之,使聘问孔子。孔子曰:"此名萍实,令剖而食之。惟霸者能获之,此吉样也。"(刘向《说苑·辨物》)

刘向记述的这则典故充分展示了孔夫子的"忽悠"功夫。楚昭王渡江,见到一个超大的水葫芦(或其他浮萍类植物),所谓"肉食者鄙",楚昭王大概确实不认识这玩意儿,就咨询孔子。孔子一看机会来了,于是大做文章:"这事挺大！知道这是啥吗？这叫苹果（不是苹果）！只有成大业者才能碰着。一般人我不告诉他，您赶紧吃了，吃了吉祥！"

要说孔子胆子也真够大的，在缺少必要的浮游生物聚集实验和药理分析的前提下，就敢唆使楚昭王去吃。话说回来，在那个军阀混战的年头，死个王侯将相的根本不算啥事，孔子认准就算楚昭王死了也不会有人来找他算账——活着的肯定都忙着争夺王位去了，还得谢谢他老孔呐。另外一种可能，就是孔子确实博学多才，见多识广，没有他不知道的东西，据说连《尔雅》都是他老人家编撰的，《尔雅》没记录的，他当然也认得。从这一点我们得到的结论是，要想取得人生最辉煌的成功，成就霸业，最好不要学太多的知识，更不要看《尔雅》、《温文尔雅》这些没用的书籍和文章。要学楚昭王那样，把精力用在政治工作上，文化知识这些东西，需要时向知识分子们咨询就行啦。

言归正传，徐渭接着夸："旨夺秋厨腊，鲜专夏盥冰。"这是说苹果色香味俱全，"旨"就是"脂"，苹果的皮瓤光泽诱人，香爽如腊；而其鲜美的口感则如同暑天里吃上一碗清凉的冰。"上元灯火节，一颗百钱青"，又在说其价值之高昂。可以参考清朝人张新修的记述："频婆……柔脆嫩软，沾手即溃，不能远饷他邦。贩者半熟摘下，蔫困三四日，俟其绵软，纸包排置筐中，负之而走。比过江，一枚可得百钱。以青州产为上。"（《齐雅》）

结合张新修和徐渭的描述，我们可以判断：苹婆果当时的品性、价值和地位相当于唐朝时的荔枝。"一骑红尘妃子笑，无人知是荔枝来"，与今天的苹果不同，明清时期的苹果一概是不耐储藏的，所以导致了商人通过跨越时间（搁至元宵节售卖）、跨越空间（从北方销往南方）两种方式销售苹果而大获其利。

由此，我们不难推出另一个结论：即便当时已经出现"苹果"的字眼，古时的苹果与今天也并不相同（一说即今日绵苹果）。而明代王世懋的《学圃余疏》记载："北土之苹婆果，即花红一种之变也。吴地素无，近亦有移植之者，载北土以来，亦能花能果，形味俱减。然犹是奇物。"

文中提到了"花红"，花红，又名林檎。林檎在前文已经多次出现，这位与苹果关系密切的另一位神秘人物终于再次浮出水面。按照明人的说法，是林檎造就了苹婆果。它们之间的关系，突然上升至非常的高度，而柰则遭遇冷落。

这让人不得不重新审视眼前的这位花红姑娘。

正所谓：真花不露相，露相不花红。花红，的确是花。

（四）林檎

林檎是个美丽的字眼。不但果美，花也美。

李时珍在《本草纲目》里描述了丰富的林檎种类："林檎即柰之小而圆者。其味酢者，即楸子也。其类有金林檎、红林檎、水林檎、蜜林檎、黑林檎，皆以色味立名。"而据清康熙二十七年（1688）问世的园艺学著作《花镜》记载：

> 林檎，一名来禽，一名冷金丹，即柰之类也。二月开粉红花，似西府，但花六出。实则圆而味甘，非若柰之实长而味稍苦，果之香甜可口。五月中熟者，蜜林檎为第一。金林檎以花为重。唐高宗时，李谨得五色林檎以贡，帝悦，赐谨以文林郎，因名为文林郎果。（陈淏子《花镜》）

林檎品种多，名称也多：来禽、花红、冷金丹、沙果、文林郎果……林檎的花"似西府"，即西府海棠，由此可想见其惊艳。"花红"之名正缘于它美丽的粉红色花朵。最晚在唐朝，林檎就已广受文士们喜爱了，这种喜爱大概在有宋一代达到了顶峰。

令人惊叹的是，在中国传统文化中，古人对一棵果木的垂青达到了无以复加的程度。在诗词、文章、绘画、书法等几乎所有文学艺术领域里，都出现了以林檎为主题的经典杰作。我们先来看一看两首关于林檎的美丽诗篇。一篇是白居易的《西省对花忆忠州东坡新花树，因寄题东楼》，虽然仅仅是对昔时场景的追忆，但诗歌的画面感逼真动人，让读者有身临其境之感，尤其最末两句，把春花烂漫的景状和心境描写得淋漓尽致：

> 每看阙下丹青树，不忘天边锦绣林。西掖垣中今日眼，南宾楼上去年心。花含春意无分别，物感人情有浅深。最忆东坡红烂熳，野桃山杏水林檎。

还有郑谷的《水林檎花》：

> 一露一朝新，帘栊晓景分。艳和蜂蝶动，香带管弦闻。笑拟春无力，妆浓酒渐醺。直疑风起夜，飞去替行云。

郑谷的这首林檎诗就是一幅画，而画家们也纷纷拿起画笔。传世的宋人画，

蒙惠帖图

款题：

　　（蒙）惠水林檎花，多感。天气暄和，体履佳安。裹上。公谨太尉左右。

创作时间：

　　2007年

有两件构图和画面内容极其相似的花鸟小品，一件是藏于北京故宫博物院的《果熟来禽图》，署款南宋花鸟画家林椿；一件是藏于台北故宫博物院的《苹婆山鸟图》，托名五代工笔花鸟大师黄筌。虽然这两幅作品，一名来禽，一名苹婆，实则所画都是一物——林檎（来禽）。苹婆属后人误题，这说明在古人眼里，林檎也好，柰也好，苹婆也好，其分别并没有我们想象的那么严格。

自古以来，无论南北，人们种植、欣赏美丽的林檎花，像喜欢梅花一样，文士们还会在春日繁锦盛开的时节折下"水林檎"赠送友人。

北宋著名书法家"宋四家"之一的蔡襄，有一件精美的手札传世，这件尺牍书法称为《蒙惠帖》，别名《林檎帖》：

蒙惠水林檎花，多感。天气暄和，体履佳安。襄上。公谨太尉左右。

那是1065年，一个明媚晴朗的春日，草长莺飞，云淡风清。离开汴京（今河南开封）赴任杭州的蔡襄不禁思念起他奋斗了大半生的北国旧土。恰在此时，他的同仁和朋友李公谨从汴京寄来了数枝灿烂的林檎花。

五十多岁的蔡襄久久地凝视着插在案头的北国花朵，百感交集。于是他铺纸磨墨，用心写就这纸《林檎帖》，寥寥数语却寄托了无限真情。后人评价该帖书法"流畅圆润、端谨沉稳、宽绰适度"，显示出鲜明的个人风格和娴熟的艺术技巧，堪称蔡氏书风的晚年精品和代表杰作。

宋朝文人生活安逸舒适，对花草树木的观察思考和喜好也比历代更为细致深刻。宋人笔记中有人们在娱乐生活中以林檎入句的记录，可见人们对它的熟悉：

酒客为令，以诗一句影出果子名，类廋语。如云："迢迢良夜惜分飞，是清宵离。"清宵离者，青消梨也。又云："黄鸟避人穿竹去，是山莺逃。"山莺逃者，山樱桃也。又云："芰荷翻雨浴鸳鸯，是水淋禽。"水淋禽者，水林檎也。（沈作喆《寓简》）

"山莺逃"谐音山樱桃，"水淋禽"谐音水林檎。"水淋禽"虽然不够典雅，倒很有趣。语言文字的编码解码系统变了，词汇叫法和使用习惯变了，文化结构和氛围变了，生活情调和品质内涵也都变了。在今天的宴席上，倘若还能够行酒令的话，面对集体新概念，挖空头脑中的名物辞典，横冲直撞的外来词、网络语言和外星语，我们还能说些什么呢？也许我会对一句："瑞兽沐雪送子来，

蔡襄林檎图

款题：

　　蒙惠水林檎花，多感。天气暄和，体履佳安。襄上。公谨太尉左右。

创作时间：

　　2017年

是冰麒麟。冰麒麟者，冰淇淋也。"冰淇淋，今日之人造美味，古人当然是尝不到了。

在古代，林檎，曾经是充满诗意与温情的花木，也曾是滋味诱人的佳果。明代学者谢肇淛于万历末年出版的精彩随笔集《五杂组》有这样的评介：

青州之苹婆，濮州之花谢，甜亦足敌吴下杨梅矣。

所谓花谢，就是花红和林檎，而青州、濮州均属今日山东境内。如今，山东烟台的苹果依然有名，晋冀鲁豫等地的花红依然芳冽，只不过，林檎——这个诗意盎然的文化意象符号，早已淡出人们的视野。来自全国乃至世界各地的五花八门的水果堆满了城市的商场、街巷和乡村的集市，来自天涯海角的万紫千红的奇花异草拥满了现代都市的花店和广场。

沙果也好，花红也罢，林檎，像一位白头宫女，落寞江湖，无人问津，在春风遍山的荒野里，守望着那些远逝的辉煌。

而在它视界的终点，一个熟悉的身影悄然崛起。

苹果江湖已经到来。

（五）苹果

今天，日语中的苹果依然叫做"林檎（りんご）"。显见是中国苹果本土化的例证。

柰、林檎、平波、苹婆、频婆、苹果……经过数个世纪的游荡、穿插、嫁接和组合、分散，这些柰族的生命在整个地球上进行着跨越时空的旅行。一些变化了，而一些没有变。

今天，我知道在每一颗苹果、每一棵苹果树的汁液里，流动着不同果木、不同文明交汇的血。它已经成为世界第二大水果，而在中国，它是水果之王。

我总是会想起故乡山坡上那些一望无际的苹果树。春日里开花的、夏季里结果的、秋天里金红的、冬日里伸张着枝桠的苹果树。那是我的童年。纵然在长大后，长久以来根深蒂固的意识告诉我，苹果自古以来就生长在这片土地上，它一直就生活在我们身边。

苹果到底从何处而来？据说这是一个永远的谜，至今没有解开。一般来说，人们倾向于认为，它来自哈萨克斯坦，那是一个山野间浩大的野生苹果树族群。千百年后的某一天，丝绸之路从这里穿过，一些旅行者、商人采摘或捡拾起它们，并带着它们一路向西。从中亚到欧洲、地中海，又随着新大陆的开辟扎根美洲，而在那里，第一批现代意义上的苹果培育成功并迅速占领了整个大陆，于是，这些苹果又返回欧洲、西亚，同时也进入中国。

历史的脉络或许大概就是如此。《植物的欲望》一书的作者波伦开篇描绘了美国历史上的传奇人物苹果佬约翰尼的故事，他设想当年这个30来岁的异想天开的青年人载着堆积如山的苹果种子，以及他建造苹果帝国的伟大的梦，乘着独木舟顺流而下的那幅图景。结果，约翰尼成功了。

如果你凑巧发现自己正站在俄亥俄河的岸上，比方说时间是1806年春天的一个下午，地点是西弗吉尼亚惠灵的北边，你可能就会注意到一条奇怪的拼凑起来的小船正懒洋洋地顺河而下……（迈克尔·波伦《植物的欲望》）

1806年，时值中国历史上清朝中晚期。"康乾盛世"已经结束，嘉庆皇帝在位也已正好十年。当美国新大陆的拓荒者刚刚结束了内战，尽情地在那片广袤的土地上，尽其所能地展开人类想象力的所有可能实践之时，庞大的中华帝国正走向没落。

现代的苹果，先于鸦片（或同时）、先于列强的枪炮闯入中国。

"柰"终于离我们远去，越行越远，直至斜阳草树、寻常巷陌，无人知晓。连同柰远去的，还有苹婆、林檎、花红……那些名字的果木还在，而名字已隐迹江湖。

不是在恪守一个偏执顽固的梦，而是由于历史始终留给世人大量的空白和碎片，庞杂、琐碎、谎言、讹误、不负责任和含混不清。我坚信，苹果在它所有能落地生根的土地滋长，与所有驯化它的势力博弈，所以遍地开花，四处结果，而又各不相同。

美国学者安德森在他的《中国食物》这部著作里，同样毫不吝惜"苹果"这个现代的字眼。在他的笔下，甚至早在宋代，我们就已经见到了苹果："北方诸王朝有果树——苹果树、桑树、枣树——以及野生的葱和韭；有各种甜瓜，并在中亚栽培无可匹敌的波斯式甜瓜，即今日哈密瓜的始祖。"而在明朝，一些远道而来的西方人，不但惊诧于"中国食物的品种之多，价格之低"，甚至惊讶于中国本土出产的苹果之硕大可口以及非常的个性。一位叫做加斯巴（Gaspar）的葡萄牙人记述道："一种苹果，其颜色和果皮却像灰梨，但气味和口感都更好……"

其实，苹果一直很好吃，很久以前就很好吃了。明朝文人谢肇淛在《五杂组》中有精彩的譬喻：

> 上苑之苹婆、西凉之葡萄、吴下之杨梅，美矣，然较之闽中荔枝，犹隔数尘在也。苹婆如佳妇，葡萄如美女，杨梅如名妓。荔枝则广寒中仙子，冰肌玉骨，可爱而不可狎也。

苹果被老谢称为"佳妇"——这实在是一个恰当而精彩的比喻。苹果的果实丰腴倩丽，正如姿色动人的美妇。事实上，苹果的花才更如佳妇，美艳而透着成熟的风韵，是真正的"白里透红，与众不同"，就像美妇的面颊那如雪的肌肤上轻施胭脂。汪曾祺认为苹果花比梨花更像雪，因为"雪是厚重的，不是透明的"。故乡山坡上的果园里，五月苹果花开的时候，青衫白雪满眼，胭脂点点痕，讲韵味，实非桃杏之流可及。光是这玉树琼花就已让人沉醉，更何况还有诱人的果实等待着我们。

在古人眼里，中国北方的苹果乃天下名品，比杏美、比梨甜，与吐鲁番的葡萄、苏州的杨梅、南国的荔枝一起并称"四大美女"。

所以，我将这完全归功于勤劳勇敢的中国人独立智慧的结晶。不论苹婆、苹果、林檎、沙果，一律都属柰。至于源于佛教典籍传说的"苹婆"，别名"凤眼果"，那是种热带亚热带水果，完全是另外一码事，本文无须赘言。

柰属果实永远都是野性难驯的族类：每一粒苹果的种籽都含有一个全新的、完全不同的苹果树的遗传结构，它终将成长为一个与其父母几乎完全不同的个体，除非经过嫁接。

而嫁接这一古老的技术，正是中国的发明。

最晚在秦汉时期，中国古老的园艺师们就发明和运用包括嫁接在内的各种栽培技术了。汉武帝时，上林苑中就栽培林檎和柰，"柰、林檎不种，但栽之。种之虽生，而味不佳"。可见，苹果这些家伙不好伺候，绝不是随便丢粒种子它就发芽结果，就算结果也不好吃。这都需要科学家和专业技术人才，不然你以为皇上养那些园丁都是吃白饭的？

世上本无吃白食的人。虽然，"百无一用是书生"，虽然，柏拉图要赶走理想国中的诗人，可我们对历史，对传统，哪怕对一种果实的生平的认知，都是依靠那些"没用的人"的劳动。

我对苹果花开时节那份甜美的感知，始终长存在童年的记忆中。清人洪亮吉的那首小诗《伊犁纪事》，描绘的是中国西北的苹果："风光谷雨尤奇丽，苹果花开雀舌香。"据说，在今天中国的新疆，石河子、伊宁这样的城镇，马路边栽植的绿化树队伍里，就有苹果的身影。

这是一种惯性，更是一份纪念——千百年来，那里正是无数的柰属植物最初碰撞交汇的地方。

谷雨·苹果花开
款题：
　　谷雨山中日月长，青衫佳妇病施嫱。今朝又入乡关梦，苹果花开雀舌香。
　　己丑早春沐斋画并题。
创作时间：
　　2009年

鹊羽锄木
乌鸠春啄燕
　　狂

鸟

乌鹊

鶌斯，鸭鵳
——《尔雅·释鸟》

午后推门而出，两只硕大喜鹊赫然入目。他们一点也不怕人，就彳亍在我的眼前，披着光鲜的黑色短风衣，走来走去。由于距离太近，我忽然发现印象里纯然黑白两色的喜鹊是个错误，因为喜鹊不单有黑白，他们的翅膀和尾部的廓羽是花青色的，反射着华丽的光泽。于是我想一定要重新画一只喜鹊来，加入花青，还喜鹊以本色。

说起喜鹊，人们很自然地要联想起乌鸦。就好比草木中的杨柳，自古乌鹊并称。"月明星稀，乌鹊南飞"，曹操的《短歌行》树立了乌鹊孤绝清高的形象，未免寂寥，那是汉末乱世里每一位国士心忧天下的彷徨。至于民间有"乌鸦填河成桥而渡织女"的传说，又有"织女七夕当渡河，使鹊为桥"之语，这七夕之桥到底得益于乌还是鹊，真无从可知了。又或者人们从来对于乌、鹊不加细分，一如对于杨与柳。

乌鸦与喜鹊大概生来是冤家。我曾数次观察他们之间发生的战争，让我诧异的是两次都是以喜鹊家族的胜利告终。《墨客挥犀》说"鹊有隐巢木，故鸷鸟莫能见"，似乎喜鹊是有点法术和道行的了。

人们是不喜欢乌鸦的罢。《容斋随笔》《墨客挥犀》这些文人笔记里都提到"北人喜鸦声而恶鹊声，南人喜鹊声而恶鸦声"的话。到底是不是这样呢？我在北方，倒未曾闻听有人欢喜乌鸦的。不过乌鸦绝非一无是处，其正面形象有三。

首先乌鸦有太平鸟一称，可说是这非好感的鸟儿难得的正解；第二，乌鸦的美名关乎孝道，"乌鸦反哺"即是明证；再有，乌鸦的啼叫也不尽是伤悲和不祥。《酉阳杂俎》写："乌鸣地上无好声。人临行，乌鸣而前引，多喜。"就是说，乌鸦立正叫，不好；乌鸦跑步喊，吉祥——不能报数"一二三四五"，只能齐步走"一二一"。

这样一来，我倒真不明白喜鹊何以独占美誉了。论长相，谁也没比谁好看到哪去；论声音，喜鹊略占优势；论身材，乌鸦还要健美些。关键还在于人们的成见。乌鸦老早就被意识形态了，古今中外，莫不如此。比如诗人兰波的那首《乌鸦》：

当寒冷笼罩草地，沮丧的村落里悠长的钟声静寂……在萧索的自然界，老天爷，您从长空降下这翩翩可爱的乌鸦。

只有在诗人特立独行的眼光里，乌鸦才能够可爱，而这可爱的寓意乃是衬托战争的残暴，渲染悲凉的气氛。中国的典故就更不必列举了，乌鸦总是和困苦、伤悲乃至死亡相联，而喜鹊，顾名思义那便是好的。

然而到底也有偶然。我们看《北齐书》的轶闻：

奚永洛与子信对坐，有鹊鸣于庭树，斗而堕焉。子信曰："鹊言不善，向夕若有风从西南来，历此树，拂堂角，则有口舌事。今夜有人唤，必不得往，虽敕，亦以病辞。"子信去后，果有风如其言。是夜，琅邪王五使切召永洛，且云敕唤。永洛欲起，其妻苦留之，称坠马腰折。诘朝而难作。

或许这便是前面所讲的"北人喜鸦恶鹊，南人喜鹊恶鸦"的例证吧。喜鹊嘎嘎的叫声，在北方人的眼中，乃是无事生非的信号，俗谓"老婆舌"是也。可话说到这里，又不能不再次食言，请看《水浒传》：

吃到半酣里，也有唱的，也有说的，也有拍手的，也有笑的。正在那里喧哄，只听得门外老鸦哇哇的叫……众人道："老鸦叫，怕有口舌。"智深道："那里取这话！"（《水浒传》第七回）

按前人观点，就北方人的思维而言，本来是喜鹊主口舌，可到头来，主角再次变成了乌鸦。

一只鸦毁了一株柳，在鲁智深的"粉丝"们眼中，乌鸦不是什么好鸟。然而在张继的笔下，乌鸦烘染了文人亘古不变的深切诗愁："月落乌啼霜满天，江枫渔火对愁眠。姑苏城外寒山寺，夜半钟声到客船。"

唐诗里面，"宫鸦"出现的频次非常之高。在历代诗词里面，乌鸦的身影都是剪不断理还乱，以至于谱而成曲，古琴《乌夜啼》总伴随士人的苦吟。纵然秦少游为喜鹊留下"柔情似水，佳期如梦，忍顾鹊桥归路"的佳句，无非沾了七夕神话的光。更何况，如前所述，这桥到底是鹊桥还是乌鸦桥，尚未可知呢。

可见乌鸦在民间虽不讨喜，但却因这份悲凉和阴郁，成为文人的宠儿。在文学层面，乌鸦战胜了喜鹊；就算在艺术领域，喜鹊仍败给了乌鸦——画乌鸦似乎总比画喜鹊的格高。这是为什么呢？大概也只能用文艺以悲苦为美来敷衍了事了。"枯藤老树昏鸦"，流传千古的一句，幸好没有毁于鲁智深之手。然而，我最为钟情的，是倪云林的绝妙好词：

门前杨柳密藏鸦。春事到桐花。敲火试新茶。想月佩、云衣故家。苔生雨馆，尘凝锦瑟，寂寞听鸣蛙。芳草际天涯。蝶栩栩、春晖梦华。（倪瓒《太常引·伤逝》）

同样的乌鸦杨柳，在好汉眼里，全是聒噪；在文人心底，尽是诗情。表面看来，依约如此。然而实际上，那倪高士，到底会不会跟鲁提辖一样地厌恶门口乌鸦的沉吟，也未可知呢！

欢喜是轻浮的，如同甜味，只存留于片刻的表面；悲辛是深沉的，如同苦味，经久不息。就这个意思上讲，乌鸦的确比喜鹊更有分量，更有内容，也更经典。《尔雅》中就提到了三种乌鸦："山乌""白脰乌""鸒斯"。

三种乌鸦很好区别。文献解释得很恰当："纯黑反哺者，谓之乌。小而腹下白，不反哺者，谓之鸦乌。""古有鸦经占吉凶，南人喜鹊恶鸦，北人反之，师旷以白项者为不祥。"

实际上，乌鸦包括两种鸟，一种是乌，一种是鸦。最普通的乌鸦，便是乌，城乡间都常见的硕大乌黑的非好感的大鸟即是。其中活动于山中的红嘴乌鸦，是山乌；脖子白色的，为白脰乌。而鸦乌，便是鸦，古文字原本写作"雅"，他们就是诗歌和绘画里常见的"寒鸦"，也就是《尔雅》《诗经》中提到的鸒斯或鸦鹛。寒鸦体型较小，腹部白色，喜欢群集。我总难以忘怀的是那副景象：冬天的圆明园，福海水面半已结冰，夕阳西下，芦苇瑟瑟，成群的寒鸦游弋其上，盘旋起落，断壁残垣于是更添寒意和苍凉。齐白石常画枯木鸦群，背景渲染以晚霞夕阳，大概是其定居北京后，常年目之所见，心有所感，遂得古人诗意。

有些画家喜爱画喜鹊登梅，乃是为了生计，讨俗世的欢心，谐音"喜上眉梢（梅梢）"。若画得乌鸦三五个，恐买者寥寥。这样的画家，大概跟乌鸦一般，格高。格高，便不入时人眼。但也仍旧不去多买胭脂画牡丹，可见是不可理喻的了。

于是，只能交给大文人去青睐，去讴歌。毕竟，在他们眼里，喜鹊和乌鸦是平等的。管它甚么欢喜与凄凉，我写我心又何妨？于是，稼轩翁挽起袖管，挥毫两篇，一篇写给喜鹊："明月别枝惊鹊，清风半夜鸣蝉。"（《西江月·夜行黄沙道中》）另一篇写给乌鸦："可堪回首，佛狸祠下，一片神鸦社鼓。"（《永遇乐·京口北固亭怀古》）

喜上眉梢

款题：

　　由来举头闻鹊喜，凡人无厌喜事多。若得佛祖心头坐，平平淡淡渡劫波。

创作时间：

　　2017年

鸠羽

> 雎鸠，王雎
> ——《尔雅·释鸟》

说鸠。我所蜗居的和平里，林子大，什么鸟都有。每天从凌晨到深夜，听得到各种鸟叫，真是不绝于耳。这里面最抢戏的，是鸠。对于演员来说，一部影视剧，主角配角事先导演和制片都已安排好，谈不上真正的公平。但是自然界不同：在我的世界，鸠之所以抢戏，完全是因为伊的嗓音好、叫声独特。

但鸠的真身，人们很少得面。我之所以能够武断判定，每天林子里唱戏的主角是鸠，完全倚仗我是个农村人。"纸上得来终觉浅，绝知此事要躬行"。小时候，笊篱扣麻雀，弹弓射翠鸟，笼中戏画眉，网里弄黄莺，梁前逗飞燕，土枪轰野鸡。然而，鸠，我从未得过手，它始终活在我的耳朵里，而且极其深刻——每年春夏时节，我翻越长长的山岭，透迤翠微间，耳畔不时传来它们有节奏的乐声：布谷、布谷、布布布谷……

关关雎鸠，在河之洲。窈窕淑女，君子好逑。（《诗经·关雎》）

诗三百，开篇闪亮登场的第一位就是鸠。鸠，这个鸟在古代的流行程度、在口头书面出现的频率、在朝野间的风云指数都相当之高，不啻于今日的鸡鸭鹅。鸠是个什么鸟？

鸠是很多鸟，很多不同种的鸟。

《尔雅·释鸟》中首先露脸的，也是鸠。《尔雅》里记载了很多种鸠：祝鸠、鸤（shī）鸠、爽鸠、雎鸠、鹘（gǔ）鸠……实际上这么多种鸠，只有祝鸠和鹘鸠是真正的鸠类，其他几个"鸠"都是冒牌货：鸤鸠是布谷，爽鸠是鹰类，雎鸠是鹗类。

《诗经·关雎》篇里的雎鸠，俗名鱼鹰，学名叫做鹗。虽然惯常水边捕鱼为生，但它与人们熟知的鸤鹩无关，而与鹰族更为亲近。鹗善于筑巢，巢形巨大，且常年使用，是其不动产。《埤雅》说："俗云雎鸠交则双翔，别则立而异处，是谓'鸷而有别'。"独处时，它喜欢伫立高处凝视远方，故称"鹗立"；与配偶在一起生活时，往往比翼双飞，雌雄一唱一和，亲密得让人羡慕，从而被我们的先人所注意，写入不朽的诗篇。

鹗的这些优良品行，使它赢得人们的欣赏和称赞：

翩然下林表，不惮风湍恶。得隽辄高飞，为君羞击搏。（司马光《和之美舟行杂诗八首·鱼鹰》）

翩然下林表，俨然有王者之风。所以《尔雅》说："雎鸠，王雎。"雎鸠的王者风范，既是入世的，又是出世的。正因为这份高洁和智慧，鹗也被用来指称有杰出才能的人，所以举荐人才又叫"鹗荐"、举荐人才的文章又称"鹗表"。续写《红楼梦》的高鹗，其姓名正取意在此。

雎鸠平时少见，因而鸠类的名声大多为另外两三种大众熟稔的小鸠所占有，比如我小时候和现在每天听到的，鹘鸠和鸤鸠。鹘鸠类似斑鸠而小，又名学鸠。学鸠即鷽（xué）鸠，《尔雅》："鷽，山鹊。"学鸠样子很像山鹊，不同之处在于山鹊体大，羽毛鲜艳而尾长；学鸠体小，青黑色而尾短。更主要的是，学鸠具备所有鸠类的共性："多鸣"。而最善鸣的鸠鸟，则数鸤鸠。

鸤鸠便是布谷。每值初夏，芒种时分，这种劝耕的鸟儿不舍昼夜地提醒人们在田野里努力种地，在公司里积极加班。

在整个鸠家族的杂牌大军里面，斑鸠和布谷是大家最为熟悉的，尤其是后者。布谷鸟的叫声格外特别，每当听到那"布谷布谷"的啼声，我就仿佛置身于故乡的苍山翠岭间，它们的乐声让行路人忘记了旅途的疲惫。而孔子那博学的弟子和女婿公冶长则认为，布谷（鸤鸠）的鸟语道出了圣贤之思：

公冶长解禽言，一时孔子闻鸠啼，曰："此何云？"答曰："他道'觚不觚'。"又闻燕语，曰："此何云？"答曰："他道'知之为知之，不知为不知，是知也'。"（江盈科《雪涛谐史》）

公冶长懂鸟语，于是孔子听到鸠鸟的啼声就问他："鸠在说什么？"公冶长回答："他在说：'觚不觚'啊！"孔子听到燕子的呢喃又问："燕子在说啥？"公冶长答："说的是'知之为知之，不知为不知'嘛！"

燕子"唧唧喳喳"，啁啾宛转，音似"知之知之"；鸤鸠"布谷布谷"，淡抹哀愁，声如"觚不觚"：

子曰："觚不觚，觚哉！觚哉！"（《论语·雍也》）

孔子常常感世伤时，哀叹礼崩乐坏，在他眼里，哪怕一只小小的酒杯（觚），也不再彰显礼仪，不再成为古代的礼器，这正是人心不古、世风日下的物证。显然，公冶长在跟他的老师兼岳父大人孔丘开玩笑，巧妙地谐和了鸟语和《论语》的呼应，让一句燕语、一声鸠啼，道出孔丘的心声。

有趣的是，鸠的啼声让我愉悦安详，让孔子与公冶长会心一笑，却被庄子所轻蔑，被庄子的研究者烦恼：

蜩与学鸠笑之曰："我决起而飞，抢榆枋，时则不至而控于地而已矣，奚以之九万里而南为？"……之二虫又何知？小知不及大知，小年不及大年。（《庄子·逍遥游》）

在庄子眼中，蝉和鸠这两位只知道整天扯着嗓子嘶吼的摇滚青年，是永远无法理解水击三千、扶摇九万里的鲲鹏的智慧和志向的。庄子的"嘲讽录"为什么单单挑出我的鸟世界中神圣的歌手？专研庄子的汉学家Allinson分析："学鸠的低吟既是持续不断的，又是恼人的……两者都不停地发噪声或喋喋不休，因而在这方面都可以被看成'长舌妇'。这跟它们作为心胸狭窄的怀疑主义者的角色是一致的。"

无论古今中外，鸠的口碑和人缘都差到了极点。鉴于本人对鸠们出人意料的好感，出于帮助它们认识错误、改过自新的善良目的，我为鸠同学深刻总结了它们做"鸟"失败的经验教训。人们厌恶鸠的原因有三：

首先，如庄子及其拥趸者所言，是因为它絮叨，婆婆妈妈。据我分析，这一点很难改，不过好在并不严重。

其次，让鸠进一步背上骂名的原因是它们愚笨、懒惰：

拙者莫如鸠，不能为巢。（《禽经》）

对于鸟来说，不会筑巢的劣迹就相当于孩子考不上大学，读大学毕不了业，毕业找不到工作，找到工作又失业。这是智商问题，虽然扭转不了，但是鸠们完全可以通过勤奋和努力改变自己的命运。只要让它们时刻牢记"笨鸟先飞"的古训，这个问题就好办多了。

然而最后，也是最要命的理由是：鸠是个彻头彻尾的坏学生，不光成绩差，道德品质更差！如果说身为笨蛋尚可宽恕，混蛋则无法谅解：

维鹊有巢，维鸠居之。（《诗经·召南·鹊巢》）

"鸠占鹊巢"说的正是臭名昭著的鸤鸠。真是"一条鱼腥了一锅汤"，老鸠家的名声就这么给它败坏了——自己学习不好就夺了尖子生的试卷交差，自己没有工作就去抢别人的饭碗，是可忍孰不可忍。

说到鸠与鹊，这俩鸟是自然界里尽人皆知的一对资深冤家。它们不是死敌，它们之间的矛盾远没到拔刀相见、你死我活的地步，然而正是这种温和的、微妙的、却绝对不可化解的矛盾，引发了人们更多的兴趣与谈说。

在《雪涛谐史》记录的一则古代笑话中，鸠和鹊的关系直接被用来譬喻有钱人家的妻与妾：

楚中有显者，其居室也，常苦嫡庶不睦，即宾客在堂，往往哄声自内彻外。偶一词客谒显者，值其内哄，显者欲借端乱其听，会应上悬鸠鹊一幅，指谓词客曰："君善品题，试为老夫咏此图，可乎？"客因题曰："鸠一声兮鹊一声，鸠呼风雨鹊呼晴。老夫却也难张主，落雨不成晴不成。"

故事发生在楚，一位诗人拜访当地一位贵人，刚好赶上贵人的妻妾在内室争吵不休，声震屋瓦。贵人觉得脸上无光，想搪塞过去，于是灵机一动，指着大厅里挂的一副《鸠鹊图》对客人说："您是诗人，请您为俺这幅画吟首诗如何？"诗人微微一笑，出口成章："鸠一声兮鹊一声，鸠呼风雨鹊呼晴。老夫却也难张主，落雨不成晴不成。"可想而知，在这鸠鹊声里，贵人的脸更烫更红了。

这诗人够损，非得点破人家的糗事；这贵人够霉，挂啥不好偏挂鸠鹊图；这鸠鹊够烦，闹了自然界还不够，还来闹人间。

其实，贵人家挂鸠鹊图是有道理的。因为，鸠鹊固然是冤家，但若分别来看，却有着各自的妙处，都是吉祥的符号。喜鹊寓意着喜事临门，招徕幸福和欢乐；鸠则暗示着长者和长寿，是地位和尊严的象征，所以古时候有专门的"鸠杖"。

仲秋案户校，年老者授之以杖，其端刻鸠形。（《埤雅》引《续礼仪志》）

古代的鸠杖，头上刻有鸠形，由政府授给年满七十的长者以示尊重。之所以杖首刻画鸠的形状，据说是因为"鸠性不噎，食之且复助气故也"。（《埤雅·鸤鸠》）

至于古代的鸠杖上面刻的是哪种鸠，古书没有描述——鸤鸠、斑鸠、祝鸠、爽鸠、雎鸠、学鸠，都有可能，也都留下疑团。但是，真正令人困惑的是：为什么这么多不同种类的鸟儿，统统以"鸠"来命名？

《尔雅·释诂》说："鸠，聚也。"鸠，就是聚集。或许正是出于这个造字的本义之一，古人让那么多啼叫无止的鸟儿，聚集在鸠家族的门下。然而人们到底是不那么重视鸠族的。

《月令》……"鹰化为鸠"，是禽化禽，强化弱也。（刘廷玑《在园杂志》）

在人们眼里，鸠是弱者。在鹰隼面前，它们是不值一提的小东西；至于庄子的鲲鹏，它们更是没法比。鸠背负着孱弱、愚笨、卑鄙和混不吝的声名：因为鸠的身姿渺小，因为鸠的羽毛晦暗，因为它们喋喋不休，更因为一些鸠类所拥有的恶习——鸠占鹊巢，可谓人神共愤、天理难容。

然而老天爷毕竟不是人，比人类宽宏得多，他老人家不仅容了，还容得挺彻底：他让鸠们拥有出类拔萃的嗓音（尽管并非人人欢喜）、时而惊艳的羽毛——日本人管一种淡紫色的国画颜料，叫做"鸠羽"。名字既然是日本人起的，自然就去问一些通晓日语的朋友，他们也不懂，于是他们又辗转询问日本友人，结果大家都很恍惚：这颜色的命名到底是什么意思？

终于有一天，我看到了斑鸠求偶时翩翩起舞的影像——那展开呈圆满状的羽翼深处，在娇媚的阳光下闪烁出淡淡褐紫色的光芒。那颜色，落在宣纸上，是要流淌出和啼声一样勾人心魄的旋律的。我仿佛瞬间领悟。

天地不仁，以万物为刍狗。（《道德经》）

天地不仁，所以一视同仁；因为一视同仁，天地有大仁。这就是所谓的"道"，或者是所谓的宽容。所以，纵然有机会让鸠一鸣惊人，像凤凰那样；纵然有机会让鸠一飞冲天，像鲲鹏那般，鸠也不领情。如果我是鸠，也许我也会不屑一顾的。

不必羡慕大鹏，也不必做大鹏的知己——因为，顺其自然，就是鸠最完美的借口和最好的理由。

竹鸠图
创作时间：
　　2017年

春锄

> 鹭，春锄。
> ——《尔雅·释鸟》

花鸟、山水和人物分别单独成为中国画的三大画种体系，正印证了中国人的自然哲学和天人合一的宇宙观。古人爱鸟，并无意识地将它们拟人化，比如同为涉禽的丹顶鹤和白鹭，前者被视为神仙，后者被看作农夫。所以丹顶鹤别名仙鹤，白鹭古称春锄。

《尔雅》说："鹭，春锄。"春锄，是在譬喻白鹭啄食的动作和姿态，一俯一仰，恰似农夫田间锄禾。近代学者饶宗颐赋诗谦称自己为"辛苦待春锄"的农夫，大概是化用宋人黄庭坚的著名诗句：

孤城三日风吹雨，小市人家只菜蔬。水远山长双属玉，身闲心苦一春锄。翁从旁舍来收网，我适临渊不羡鱼。俯仰之间已陈迹，暮窗归了读残书。（《池口风雨留三日》）

属玉、春锄，都是鹭鸶的别名。白鹭、仙鹤都是高雅美丽的大鸟，何以在文人的词典里，一个高高在上羽化成仙，一个默默无闻埋头耕种？事实上，对古人来说，神仙与农夫的身份地位并不存在着天壤之别。渔樵耕读，是隐逸的象征。隐者逸士，都是沾着仙气的。在某种程度上，隐士在中国文化中的地位，甚至还要高于神仙。书画理论中，常常把"逸品"凌驾于"神品""妙品"和"能品"之上，也是一个例证。

所以，把白鹭唤作春锄，视为农夫，实在是一种褒赞。然而依我看，与其

鹭鸶
创作时间：
    2017年

说白鹭是农夫，不如说更像是渔翁。张志和一出手就是一幅逸品：

  西塞山前白鹭飞，桃花流水鳜鱼肥。青箬笠，绿蓑衣，斜风细雨不须归。（《渔歌子》）

  白鹭、桃花、鳜鱼、蓑翁、高山流水，都是传统写意画的常见题材，这些元素及其组合充满了隐逸色彩。这里，白鹭即是蓑翁，蓑翁亦即是白鹭。白鹭的流线体态，自得的眼神，尤其颈后飘逸斜出的几根蓑羽，使它看起来更似于天地间作逍遥游的渔翁。

  才子黄侃侧重"音训"解读《尔雅》，所以他宁肯没来由地放言"春锄"出于古人的口语发音，也不愿承认"春锄"是古人对白鹭姿态形象化称谓的事实。放在中西文化对比的视野中广泛联想、深入挖掘一下，这个事实也许会更加清楚。在英语中，西方人称"鹤"为 crane（丹顶鹤 red-crowned crane），而 crane 还有一个含义是"起重机"。不难设想在命名之初，西方人发现鹤很像起重机，或者起重机很像鹤，于是二者拥有了一个共同的名字：crane。显然，这和中国人管白鹭叫春锄的命名法则如出一辙。

  如果我们忽略鹤与鹭在生物学上的分类界限，单单从形象上去观照，那么鹤和鹭都是一样的，它们都可以被视为一种脖颈纤长、扭动自如，体态流畅、身材秀颀的涉禽。它们既似"春锄"，也同样像"起重机"，前者来自农业文明，后者得自工业文明。春锄的命名，恰好诠释了中国历史文化的古老绵长，正是古代中国高度发达的农业文明本质的体现。

  或许，工业文明和诗意是格格不入的。所以，起重机，在里尔克和米沃什，马蒂斯和毕加索们那里都难以寻到踪影。但春锄，在陶渊明、杜甫、王维、辛弃疾，以及林风眠们的笔下，时隐时现，安静飞越了千年。

  春锄是动态的，但却最安静。中国文化的特质也恰在于此："致虚极，守静笃，万物并作，吾以观复。"不动至动，无声至声。

  除了形象，鸟类飞翔的速度也决定了它们的格调和品位——燕子太快，麻雀太躁，乌鸦太滞，鹰隼太烈，鸿鹄太重……它们都不能完美地诠释虚静和安逸，只有鸥鹭。鸥、鹭飞翔的速度和身姿恰到好处，所以自古鸥鹭皆为飘逸意象。古琴曲有《鸥鹭忘机》，词云"拍手笑沙鸥"，诗曰"天地一沙鸥"。至于白鹭，自然更多。

宋代词人黄升的那首《鹧鸪天》，像枚青橄榄，适合慢慢咀嚼：

雨过芙蕖叶叶凉。摩挲短发照横塘。一行归鹭拖秋色，几树鸣蝉饯夕阳。花侧畔，柳旁相。微云澹月又昏黄。风流不在谈锋胜，袖手无言味最长。

而气象更开阔、意境更超迈、格局更宏大的还要数两位豪放派开山词宗"苏辛"。且看二人的表现——

辛弃疾挥毫：

江头一带斜阳树，总是六朝人住处。悠悠兴废不关心，惟有沙洲双白鹭。仙人矶下多风雨，好卸征帆留不住。直须抖擞尽尘埃，却趁新凉秋水去。（《玉楼春·乙丑京口奉祠西归，将至仙人矶》）

苏东坡泼墨：

凤凰山下雨初晴。水风清，晚霞明。一朵芙蕖，开过尚盈盈。何处飞来双白鹭，如有意，慕娉婷。　忽闻江上弄哀筝。苦含情，遣谁听？烟敛云收，依约是湘灵。欲待曲终寻问取，人不见，数峰青。（《江城子·湖上与张先同赋，时闻弹筝》）

辛弃疾的那首，语句铿锵，旋律跌宕，如乘风破浪，片刻间轻舟已过万重山；苏轼这首，节奏舒缓，画面悠然，似水流花静，抬眼望两岸青山相对出。前者动，后者静；前者热，后者冷；前者是摇滚，后者是蓝调。两阕乐章中，不可或缺的音符，是白鹭。

白鹭总是恰如其分地妆点了各种文本的意境：音乐、诗歌以及艺术。李白笔下"三山半落青天外，二水中分白鹭洲"的诗境，完全可以交由流行歌手熊汝霖去演唱，因为《倾国倾城》好听，男歌手诠释出了苍茫白鹭洲的缥缈和禅意。可"苍茫"二字还是嫌味道过重，不如王维用词妥帖慰藉。王维倒背双手，面对水云，徐徐吟诵道：

漠漠水田飞白鹭，阴阴夏木啭黄鹂。（《积雨辋川庄作》）

好一个"漠漠"！境界全出——白鹭归去来，黄鹂但闻声；古木自阴阴，天地终漠漠。远逝的春锄，永远飞翔在古琴名曲《鸥鹭忘机》的太古清音中，经久不散，生生不息。

那正是千古文人心中挥不去的幽梦和诗魂。

黄庭坚诗意图

款题：

孤城三日风吹雨，小市人家只菜蔬。水远山长双属玉，身闲心苦一春锄。翁从旁舍来收网，我适临渊不羡鱼。俯仰之间已陈迹，暮窗归了读残书。

创作时间：

2016年

啄木

> 鴷，斵木。
> ——《尔雅·释鸟》

（一）

古人称啄木鸟为斵（zhuó）木，唤白鹭为春锄。这里面有着大智慧：一个吃虫，一个食鱼，都为填饱肚皮，这和木匠治木、农夫耕锄的本质其实并无不同。

斵，古同斫。

桓公读书于堂上，轮扁斫轮于堂下，释椎凿而上，问桓公曰："敢问，公之所读者，何言邪？"公曰："圣人之言也。"曰："圣人在乎？"公曰："已死矣。"曰："然则君之所读者，古人之糟粕已夫！"桓公曰："寡人读书，轮人安得议乎！有说则可，无说则死！"轮扁曰："臣也以臣之事观之。斫轮，徐则甘而不固，疾则苦而不入，不徐不疾，得之于手而应于心，口不能言，有数存焉于其间。臣不能以喻臣之子，臣之子亦不能受之于臣，是以行年七十而老斫轮。古之人与其不可传也死矣，然则君之所读者，古人之糟粕已夫！"（《庄子·天道》）

轮扁斫轮的故事指出了信息传播过程及其效果的限度问题，告诉我们最精微的术与道，实在是只可意会不可言传的。所以蔡中郎见垩帚刷墙遂创"飞白"，张长史观公孙大娘舞剑器乃得书神，雷太简闻江声而书艺精进，文与可遇蛇斗而笔法心明，怀素望夏云奇峰才知书象万千，黄庭坚看三峡荡桨始悟用笔三昧。所以，纵然有洪七公、全真七子等众多顶级高手教导，郭靖也只有在危难关头

啄木

创作时间：
2017年

和仰望北斗之际，才领略到降龙十八掌和天罡阵的精妙。

啄木鸟斫木获虫，也自有其独到技巧和行业规矩，正所谓"斫亦有道"。䴕（liè）鸟有"三不斫"——松柏、新枝和小树。梅尧臣的《彼䴕吟》写道：

断木喙虽长，不啄柏与松。松柏本坚直，中心无蠹虫。

梅先生自然是在赞颂松柏的气节和伟岸，但啄木鸟的立场与识见又岂能遭受鄙夷和漠视？ 欧阳老先生也歌咏道：

啄木不啄新生枝，惟啄槎牙枯树腹。（欧阳修《于刘功曹家见杨直讲褒女奴弹琵琶戏作呈圣俞》）

尽管，"虫蠹黄蔬，䴕穿朽枣"（史震林《慰曹震亭书》）只是一种生物的本能，但我宁愿将它视作䴕鸟的君子情操：敬重苍松翠柏之肃穆，远观而不相狎，仁也；不以利喙啄剥新枝，恐树木有难，义也；啄木而不损木，笃笃有节，礼也；知晓虫豸藏身之所，智也；伺害虫之所往，穷而歼之，勇也。

和我一样欣赏斲木的大有人在，我视啄木鸟为君子，中国古代第一位女诗人左棻则拿它自比，视啄木鸟为清者自清的良人：

南山有鸟， 自名啄木。 饥则啄树， 暮则巢宿。 无干于人， 唯志所欲。性清者荣，性浊者辱。（左棻《啄木诗》）

（二）

䴕鸟德才兼备，智勇双全的情操与才能，似乎已为世人所默认，又或许是一种巧合——公安系统有一份行业杂志，名曰《啄木鸟》；公安干警展开的搜捕行动，每每被命名为"䴕鸟行动"。啄木鸟不经意间成为人民警察的"图腾"。

啄木鸟在众多的鸟禽家族中，宛如特立独行的剑客。外形奇特、行为非常、捕猎勇敢、动作生猛的斲木，早就引起人们的注意。䴕之勇，古人在造字之初即已明确：

列，分解也。（《说文解字》）

列，即裂。但凡跟"列"相关的文字及事物的命名，都或多或少与刀斧等锐器有关，也都或多或少地汲取了"裂"这份摧枯拉朽的猛烈：䴕、烈、蛚、茢……

鴷，鸟中之"列"者。啄木鸟。勿庸赘述。

魝，鱼中之"列"者。刀鱼。什么刀呢？篾刀。《尔雅·释鱼》写得很明白："魝，鱴（miè）刀。"

鱴，本义取自篾，鱴刀就是篾刀。什么是篾刀？南方人应该非常熟悉，那是一种用来切割竹子的快刀，传说汉高祖刘邦那个极端变态的老婆吕雉杀害韩信时，使用的就是这样一把刀。篾刀形制薄长，而且锋锐无比，不然何以破竹？刀鱼的外貌颇似篾刀，所以古人称它为魝，又叫魛（dāo）鱼，而刀鱼是魛鱼的俗名。

蜘，虫中之"列"者。什么虫生猛至此？不是螳螂，不是蝎子，也不是蜈蚣，而是小小的鸣虫——蟋蟀。《尔雅·释虫》："蟋蟀，蛬（qióng）。"郭璞注曰："今促织也，亦名蜻蜘。"蟋蟀古名蜻蜘，蜻是指它的颜色，蜘是指它的动作，两字组合又指蟋蟀的声音和性格。

首先说声音。蟋蟀浑名促织。这种古老的鸣虫，最早以其激越的声音引起我们祖先的关注，在《诗经》中常常发现他们的身影。因为蟋蟀摩擦双翅会发出清脆悦耳的音乐，仿佛敦促女人们抓紧纺织，故有民谣曰"促织鸣，懒妇惊"。而蜻蜘，即清洌——澄清而寒冷，这是一种"通感"，正是蟋蟀所发出的独有的声音。单单这种声音，已足以引发人们另外一种感觉：那种清洌的萧飒，似乎劈开了夏末炎热的网，随后，从这道隙缝里，秋风扑面而至。

十月蟋蟀，入我床下。（《豳风·七月》）

于是，雁阵横斜在高天里，暑气隐遁入草丛中。

蟋蟀所引发的人们的这种"怅寥廓"的秋思，自古有之。晋人张载有《七哀诗》佳句：

仰听离鸿鸣，俯闻蜻蜘吟。

唐朝诗人陆龟蒙则妙笔生花：

鸳鹚阵合残阳少，蜻蜘吟高冷雨疏。（《和袭美新秋即事次韵》）

然而，蟋蟀之所以又叫蜘，不单由于其清洌的声音，更因为他的性格：勇猛好斗。

少年又笑。屡撩之，虫暴怒，直奔，遂相腾击，振奋作声。俄见小虫跃起，张尾伸须，直龁敌领。少年大骇，解令休止。虫翘然矜鸣，似报主知。（蒲松龄《聊斋志异·促织》）

老北京风俗"玩秋虫"中就有一项斗蛐蛐儿。其中的妙趣，王世襄老爷子的《锦灰堆》所述备详。我所要强调的恰是蟋蟀的勇猛：

两须顿时一愣，头一抬，六条腿抓住罐底，身子一震动，它由嫉妒而愤怒，由愤怒而发狂，裂开两扇大牙，来个饿虎扑食，竖起翅膀叫两声，威风凛凛，仿佛喝道："你来，咬不死你！"蛐蛐好胜，永远有不可一世的气概，没有怯懦气馁的时候。（王世襄《锦灰堆·秋虫六忆》）

从其"裂开两扇大牙"的状貌，我们就不能小觑这蛐蛐儿以及它嘴上的那对刀斧，也就明白了这小小鸣虫何以独享"蜻蛚"之名。

至此，我想提及另外一个与蟋蟀有关的奇特名词：蜘蛡（quē）。

蜘蛡不是一种虫子的名称，而是指闪电。它让我联想起另一个气象名词：霓虹。古人认为，雨后天空中出现的七彩弧线，乃是由两种分别叫做霓和虹的奇异小虫吐纳而成，所以就以霓、虹来为这种自然现象命名。那么古人会不会同样认为：天空中的雷电，也与某两种神奇的小虫有关呢？比如，其中的一种就是我们所熟知的蟋蟀——蜻蛚。蜘是蟋蟀，蛡呢？古书的解释不一，有的说是蛁蟟（diāo liáo），有的说是蟪蛄，有的说是蜇，还有的说是蛟。这些动物囊括了蝉、蚱蜢，乃至传说中的龙。蛁蟟和蟪蛄都是指蝉。与蟋蟀一样，蝉也以善鸣著称。我想，蛡应该就是蝉了。也许，正因为"蛐蛐儿"和"知了"珠联璧合的合奏，人们才把这两种虫儿跟闪电联系到了一块儿，称闪电为蜘蛡。

最后我们来说草中之"列"者。在植物之中，似乎很难找出谁最勇猛来，毕竟花花草草平时都文文静静的，不吵不闹也不斗殴杀戮（极少数肉食性植物除外）。可是中国人毕竟是智慧的，我们的祖先选中了一种外表看起来十分平和、安详，并且充满了无限诗情的植物——芦苇。

在秋雪庵的弹指楼上，消磨了半日之半，一片斜阳，反照在芦花浅渚的高头，花也并未怒放，树叶也不曾凋落，原不见秋，更不见雪。（郁达夫《西溪的晴雨》）

然而，在更古时代的人们眼中，芦花可贵，不在于美，而在于其"列"的品质和性能。

苇丑，芀（tiáo）。（《尔雅·释草》）

《尔雅》特别指出：芦苇类植物的花叫做芀。《说文》："苭，芀也。"芀就是苭。古人为什么认为芦苇的花堪比草之"列"者？与鸟之列者鹯木、鱼之列者鮤鱼、虫之列者蟋蟀并列？

君临臣丧，以巫祝桃苭执戈，恶之也。（《礼记·檀弓》）

桃苭，指的是两物：桃杖与扫帚。而这扫帚，又绝非普通的扫帚，确切地说，它是一种巫术礼仪必备的道具，与桃木一样用以辟邪除秽。而制造这把扫帚的材料，就是芦花。古代帝王吊唁死去的大臣，必须由巫师同志们手执桃木手杖、芦花扫帚和戈陪同，其用意是扫除邪秽，因为据说鬼神妖孽最惧怕桃木和芦花。

芦花，别名苭。人们认为，芦花扫除一切恶鬼凶煞，就像一把无形的刀，将邪秽拦腰斩断。——连鬼都怕的植物，谁敢说它不够"列"？

"蒹葭苍苍，白露为霜。所谓伊人，在水一方。"芦花终究是美到了极致的，就算它们没有那驱鬼降魔的神力，当你站在芦花丛里，在它们面前，你也一定会被一种无限清冽而怅惘的迷情包裹和围绕，难以自拔：

一条水路把芦花丛分开，弯弯曲曲伸向大海。在退潮的时候，一望无际的芦花在水上映出倒影，意外地从四周传来渔歌和摇橹声。（德富芦花《芦花》）

（三）

我曾站在家乡辽河入海口的岸边，置身于茫茫的苇丛中，周围是芦花胜雪的海洋；我也曾沿着郁达夫的足迹，乘舟寻访杭州旧十八景之著名的西溪秋雪，"雪景"虽盛况不再，寥寥数羽的苇花还是写满了诗意的苍凉。我在《西溪上的春愁》这篇旧文中写道：

去的时候是早春，水树都还未发芽，芦苇伸张着残穗，一切景物都似醒非醒的样子，沉醉在略微料峭的东风里。天气是半阴半晴，灰蒙蒙氤氲着。船行

魏野诗意图

款题：

　　一月天不暖，前村到岂能。闲闻啄木鸟，疑是叩（打）门僧。

创作时间：

　　2017年

在水上，有寒意自水面深处涌来，抱起双肩抬头看天，半空里湿漉漉的，黑色的不知名的鸟儿偶尔丢下几声啼叫疾驰而去。桨声孤独地作响……

这份清幽、寥廓与清冽，是如此熟悉而亲切。似曾相识——在芦花丛间我们感到过，在促织声里我们听到过，如今，在啄木鸟丁丁笃笃斫木的山林下，我们再次感知：

一月天不暖，前村到岂能。闲闻啄木鸟，疑是打门僧。松色浓经雪，溪声涩带冰。吟余还默坐，稚子问慵应。（魏野《冬日书事》）

"闲闻啄木鸟，疑是打门僧。"这大概是关于鴷鸟最好的诗罢。啄木的刚猛因叩门之虚构而化阴柔，鴷鸟的杀戮因沙门之幻象而和平。而大学士苏东坡却因了这句诗自取其辱，遭到高僧佛印的反击和嘲弄：

东坡与佛印说："古人常以僧对鸟，如云'鸟宿池边树，僧敲月下门'，又云'时闻啄木鸟，疑是叩门僧'。"

佛印曰："今日老僧却与相公对。"（赵南星《笑赞》）

禅锋妙语每每迸发于电光火石之间，让人防不胜防。鴷鸟这个如隐士一般的林间木匠，以其最为独特的行为方式，呼应着造化的禅机。

行文至此，忽然忆起某友为我那幅《惊蛰图》所写的题画诗，可谓道尽沐斋心曲：

笃笃啄声把春唤，木中小虫懒腰伸。一样春晖沐万物，杀机生机尽玄机！

贾岛诗意图

款题:

　　闲居少邻并,草径入荒园。鸟宿池边树,僧敲月下门。过桥分野色,移石动云根。暂去还来此,幽期不负言。

　　唐贾岛诗意图。戊子年沐斋。

创作时间:

　　2008年

燕

> 燕燕,鳦。
> ——《尔雅·释鸟》

(一)

薛霸口里出血,心窝里露出三四寸长一枝小小箭杆。却待要叫,只见东北角树上坐着一个人。听的叫声:"着!"撒手响处,董超脖项上早中了一箭,两脚蹬空,扑地也倒了。那人托地从树上跳将下来,拔出解腕尖刀,割断绳索,劈碎盘头枷,就树边抱住卢员外,放声大哭。卢俊义开眼看时,认得是浪子燕青,叫道:"小乙,莫不是魂魄和你相见么?"(《水浒传》第六十二回)

燕青为什么又叫小乙?

《尔雅》曰:"燕燕,鳦(yǐ)。"古人称燕子为燕燕,而燕燕的古名为鳦,又作乙。所以"乙"就是燕子的代称。如此一来,燕青的诨名就别有深意了,所谓小乙,就是小燕子。小燕子背后是作者的一份情怀和寄托:

唇若涂朱,睛如点漆,面似堆琼。有出人英武,凌云志气,资禀聪明。仪表天然磊落,梁山上端的夸能。伊州古调,唱出绕梁声。果然是艺苑专精,风月丛中第一名。听鼓板喧云,笙声嘹亮,畅叙幽情。棍棒参差,揎拳飞脚,四百军州到处惊。人都羡英雄领袖,浪子燕青。(《水浒传》第六十一回)

风流倜傥、智勇双全、多才多艺——施耐庵对燕青这个帅哥可谓情有独钟。虽然在《水浒传》第六十一回中,小乙才第一次露面,但他旋即成为全书后六十回的核心人物。作为宋代杰出的民营外交家、洞箫演奏家、曲艺演员、歌手、神箭手、武术家、柔道九段……燕青是当之无愧的全能型人才。

也许，在施耐庵眼里，只有燕青才配得上燕子的称号。燕子是深受人们喜爱的美丽良禽，而燕青矫健的身手正与敏捷的燕子相呼应。燕子很早就出现在《诗经》中：

> 燕燕于飞，差池其羽。之子于归，远送于野。瞻望弗及，泣涕如雨。燕燕于飞，颉之颃之。之子于归，远于将之。瞻望弗及，伫立以泣。（《诗经·邶风·燕燕》）

燕子三三两两飞翔在天空，"我"目送妹妹远嫁他乡，直到"孤帆远影碧空尽"，"我"伫立在天宇下，泪水滔滔。——这就是《燕燕》一诗的大意。诗人和"妹妹"是何关系，妹妹嫁到哪里、为何而嫁，诗人何以伤心至此，如今都不得而知。然而，纵使时光流逝千万年，我们仍然能够通过这优美的诗篇，读出诗人的牵肠挂肚，读出诗人的柔情百转，读出诗人字里行间难以言尽的真情。那情感，似汩汩清泉、连绵江水、无边丝雨，弥漫了所有的时空，感伤，一望无垠。

两千年之后，这份优雅的伤怀，在宋人晏几道的笔下得以精彩重现：

> 梦后楼台高锁，酒醒帘幕低垂。去年春恨却来时，落花人独立，微雨燕双飞。记得小苹初见，两重心字罗衣。琵琶弦上说相思，当时明月在，曾照彩云归。（晏几道《临江仙》）

这首词是晏几道的代表作，有意味的是，晏几道的父亲晏殊的代表作也同样描写了燕子，而父子二人最精彩作品中最精彩的诗句都是关于燕子：

> 一曲新词酒一杯，去年天气旧亭台。夕阳西下几时回。无可奈何花落去，似曾相识燕归来。小园香径独徘徊。（晏殊《浣溪沙》）

老子"无可奈何花落去，似曾相识燕归来"，儿子"落花人独立，微雨燕双飞"——是老天美意、父子默契，还是人间巧合？也许都不是，我们只要知道，这是一对了不起的父子奉献给世人的绝妙好词。

晏殊、晏几道父子很容易让人联想到东晋的王羲之和王献之。"二王"工书法，"二晏"擅诗词，都算家学。汉代文章、晋朝书法、唐诗、宋词，每一时代风标高举的旗帜下，都有煊赫的一家人在历史的长河中星光璀璨，而且，每每是长辈子辈之间，性情迥异，于是产生完全不同的作品风格和境界。后汉曹氏父子，曹操雄壮沉郁，曹植清丽温存，单就性情气势论，此乃父胜于子；而"二晏"和"二王"的情形正好相反，子过于父。

书法，王羲之中和稳健，王献之意气勃发；宋词，晏殊儒雅含蓄，晏小山浓挚天成。两个父亲都道法中庸、温和敦厚，两个儿子皆狂傲不羁、个性张扬。狂放的人必有狂放的理由，你可以不接受、不欣赏，但却绝不可能贬低和阻碍他的才情。也许他们离世俗的成功很远，但他们必然与人类的才智和世间的真理相亲。"弟子不必不如师，师不必贤于弟子"，对于父子关系来说又何尝不是如此？所以，王献之书法终究是强于他的"书圣"父亲的，苏轼才学确是胜于苏洵的，而晏小山的意境到底优于老爹晏殊。

一句"落花人独立，微雨燕双飞"，到了小晏的笔底才焕发了全新的生命。我相信，这巧夺天工的佳句不是凭空而来，数千年前的那首《燕燕》一定是诗人造境的灵感源头。

世事轮回，万古沧桑。如今，孤傲的才子晏几道也伫立在濛濛烟雨中。落花时节，情人远逝。天地间，若有若无的燕燕颉颃在诗人的千年意象中。那双燕可能本没有，也本不必有。在晏几道的心里，那呢喃的燕子早化身为挥之不去的爱与哀愁。

因了《诗经》的这首诗，燕子成为永恒的爱的符号和象征。新婚夫妇和美亲睦被称为"新婚燕尔"，男女相爱叫做"燕好"，而情侣又称"燕侣"。进而，这燕子带来的爱，一点点大而化之，成为亲情、成为情谊、成为人间的一切美好与希望。在女诗人眼底，燕子双双是最明媚美好的情爱：

我说你是人间的四月天；
笑响点亮了四面风；轻灵
在春的光艳中交舞着变。
你是四月早天里的云烟，
黄昏吹着风的软，星子在
无意中闪，细雨点洒在花前。

那轻，那娉婷，你是，鲜妍
百花的冠冕你戴着，你是

天真，庄严，你是夜夜的月圆。

雪化后那篇鹅黄，你像；新鲜
初放芽的绿，你是；柔嫩喜悦
水光浮动着你梦期待中白莲。

你是一树一树的花开，是燕
在梁间呢喃，——你是爱，是暖，
是希望，你是人间的四月天！

（林徽因《你是人间的四月天》）

同样的落花，同样的细雨，同样的双燕，在一代佳人笔下，抛却了哀怨，成为欢乐跳跃的音符，洋溢在字句间。的确，燕子总是带给人们早春的喜悦和希冀。陶渊明喜吟"翩翩新来燕，双双入我庐"，白居易闲咏"几处早莺争暖树，谁家新燕啄春泥"，刘禹锡感慨"旧时王谢堂前燕，飞入寻常百姓家"，晏几道的父亲也不总是哀愁"燕子来时新社，梨花落后清明"……

花褪残红青杏小。燕子飞时,绿水人家绕。枝上柳绵吹又少,天涯何处无芳草。 墙里秋千墙外道。墙外行人,墙里佳人笑。笑渐不闻声渐悄,多情却被无情恼。（苏轼《蝶恋花·春景》）

苏东坡却在告诉我们，飞翔的燕子理应可以将人们的视界引向更高更阔更远的天空，而不必拘泥计较于儿女情长的狭小天地。燕子，这种飞翔速度最快的鸟，地球上运动速度最快的生命，的确可以也应该能够激发人们的逸兴壮思，让观者胸怀高远激烈。

然而或许由于它们身姿太小，又与春光、爱情和送别有关，燕子本可以更崇高雄伟的形象特质被限制、压抑了。

（二）

只有在与其"同名"的一个地理名词上，我们才读出"燕"字的雄浑与威严：

此地别燕丹，壮士发冲冠。昔时人已没，今日水犹寒。(骆宾王《易水送别》)

人间四月天

款题:
   你是一树一树的花开,是燕在梁间呢喃,你是爱,是暖,是希望,你是人间(的)四月天。
   沐斋。

创作时间:
   2007年

燕（yān），战国七雄之一。古燕国在今河北、辽西地界，"齐鲁饶鸿儒，燕赵多悲歌"，自古燕地以盛产壮士侠客著名。"风萧萧兮易水寒，壮士一去兮不复还"，荆轲刺秦王，千古一击，功败垂成，名垂不朽。

然而，此"燕"毕竟非彼"燕"。虽然字形相同，读音和涵义却完全不是一回事。而且，就连这个"燕地"的"燕"，也不仅仅代表着悲壮和雄郁，还可能意味着婀娜和妩媚。你看苏轼的这句：

卧闻海棠花，泥污燕支雪。（苏轼《黄州寒食帖》）

这句诗出自苏东坡的《黄州寒食帖》。就文学价值而言，寒食诗在苏轼无数壮丽的诗篇中，实在算不得最上乘的杰作；然而就书法艺术价值来说，寒食帖却华彩万丈、光耀古今。这件真迹被视为苏东坡平生最优秀的书法作品，当之无愧的代表作，从古至今备受尊崇，被誉为"天下第三行书"。就连苏轼本人也对这件作品百分百满意，爱不释手，以至于酒醒后多次心摹手追，企望再写出一件这样的作品，却终不可得。

黄州岁月正是苏轼人生的一个低谷，但也正是在这段苦闷逆旅中，诞生了苏翁无数不可磨灭的旷世杰作，无论诗词歌赋，还是书画文章。如今，这已经是他在黄州的第三个年头。又是异乡异客，又是一年早春，又是清明时节。家中断炊，灶破屋寒。窗外苦雨，连绵无休。窗前海棠，花开花落。此时此地，苏轼的心中百感交集。

天色已是黄昏，苏轼热了一壶酒，伴着雨声，趁着酒兴，磨好墨，铺开纸，举臂发愤，拈毫抖擞，苦闷、愁绪、激情、希冀，如渴骥奔泉、兔起鹘落、惊涛拍岸、乱石穿空，瞬间尽数倾泻飞腾。失意、怅惘、压抑和醉酒的苏翁，还原了作为最原始也最朴素的人的真实，什么修身齐家治国平天下，什么仁义礼智信，什么君为臣纲，什么儒学禅道，在那一刻统统置之度外，统统抛到云霄。于是手中的笔不羁地舞，墨恣意地流，落在纸面的字，大小错落高低起伏地跳跃腾挪。脱掉儒家士大夫外衣的苏轼，竟然在不尽的困厄中，刹那间焕发得神采飞扬。在雨世界的濛濛水云中，在酒意阑珊中，他又仿佛回到了从前，那个随着父兄出峡、赶考、应试、中举、成名的苏轼，那个春风得意、才气纵横、指点江山的苏轼又回来了。

作为宋代"尚意"书风代表作品的寒食帖之艺术价值不容在此过多讨论,我们关注的是这首诗里提到的"燕支雪",什么是燕支雪?

燕支就是胭脂。苏轼怜惜庭前的海棠花,如胭似雪的花瓣,在凄风冷雨中,污损凋零,与自己的处境何其相似。胭脂的古名很多:燕支、臙脂、烟支、焉支、阏氏。胭脂得名的说法之一是古代燕地的妇女采用红蓝花叶汁凝结为脂,制成最原始的女性化妆品,而由于这种化妆品产于燕,故称燕支。如此一来,"燕"的悲壮与豪情,再度蒙上了女儿家的明丽与娇柔,想孔武有力也难。说来说去,"燕"这个字眼总是婉约可爱的,哪怕有再多的燕赵悲歌,也比不过一抹胭脂的绯红。

《水浒传》中,"名震河北"的员外玉麒麟卢俊义与家仆燕青一样,都是河北人,大概都是"燕人"。然而,燕青毕竟跟他的主人不一样,小乙是沐浴着春光、象征着自由的聪明伶俐的小燕子,而老卢这个悲惨的草根英雄,继续演绎着燕赵大地上吟唱了千年的沉默悲歌。

征讨方腊大功告成,梁山好汉荣耀凯旋之时,燕青在向卢俊义忠告无效后依依而别,只留给宋老大一张纸条:

雁序分飞自可惊,纳还官诰不求荣。身边自有君王赦,洒脱风尘过此生。(《水浒传》第一百十九回)

燕燕于飞。燕青以一个潇洒的转身,飞向他本属于的天空。

黄州寒食图
创作时间:
2017年

狂

> 狂，茅鸱。
> ——《尔雅·释鸟》

"狂"是一种鸟——在鸟类世界中，有谁配得上这个称谓？

凤凰尊帝王，孔雀列贵妃，鹤乃仙翁，鹭为散人，鹰隼皆猛将，鹦哥尽优伶，鸿鹄称志士，燕雀号凡夫，锦雉若名妓，鹌鹑似游勇……

狂生漫士，谁可当之？

《尔雅·释鸟》说："狂，茅鸱。怪鸱。枭，鸱。"茅鸱，俗称猫头鹰。因为它头上长有毛角，所以叫茅鸱；因为它行踪诡异，习性非常，所以叫怪鸱。因为怪，常人以为变态，所以名"狂"。

（一）三种狂

但凡狂人，都是很古怪的。

晋文王功德盛大，坐席严敬，拟于王者。唯阮籍在坐，箕踞啸歌，酣放自若。（《世说新语·简傲》）

这是典型的"狂士"形象——放浪形骸、旁若无人、唯我独尊、疏旷不拘。"我本楚狂人，凤歌笑孔丘"，在像李白这样的狂士眼里，循规蹈矩、恪守纲常、如临深渊、如履薄冰的孔孟夫子，是一定不入法眼的。他们大多不守礼法，在儒教与道家两者之间，他们更倾心于后者。因为，那个不知所终的老子和匪夷所思的庄子，同样都是物我两忘、随心所欲、不按常理出牌的主儿。我们来看《庄子·至乐》中描绘的小品：

庄子妻死，惠子吊之，庄子则方箕踞鼓盆而歌。

老婆死了，朋友来吊唁，他却坐在地上敲着破盆引吭高歌。庄周的出位表现为后世狂人所仿效，尤其是晋朝。魏晋时期是中国历史上一个极其特别、非常出格的特殊时代。上至王公大臣，下至穷儒寒士，无不讲求做派、崇尚清谈、注重格调。一方面是祸乱未已，一方面却是名士风流。而名士身份特征的理想表现，就是长出出类拔萃的面孔，说出惊世骇俗的言语，做出超凡脱俗的举动。宁可掉脑袋，不能不风流。而风流的表现形式之一，就是疏狂。

开篇引述的阮籍，作为"竹林七贤"的杰出代表，在言谈举止、为人处世上的疯狂表现，足以雷动人心。然而，阮籍虽然狂，却并不迂。他是"选择性疯狂"，因为他知道司马昭对自己的态度，所以知其可狂而狂之，至少，他没有骑在这位晋文王的脖子上边喝边唱。

王戎弱冠诣阮籍，时刘公荣在坐，阮谓王曰："偶有二斗美酒，当与君共饮，彼公荣者无预焉。"二人交觞酬酢，公荣遂不得一杯；而言语谈戏，三人无异。或有问之者，阮答曰："胜公荣者，不得不与饮酒；不如公荣者，不可不与饮酒；唯公荣可不与饮酒。"（《世说新语·简傲》）

正像金庸小说里的江湖一样，风清扬、洪七公、老顽童这些武功高强、性格狂怪的高人，往往不受任何教义和礼数约束，经常跟比自己辈份低、年纪小的孩子称兄道弟。阮籍也不例外，虽然王戎还是个二十来岁的孩子，阮籍却慧眼识英才，对他另眼相待，甚至儿子胜于老子，对于王戎的爹，阮籍毫不放在眼里。所以出现了上面的一幕：当王戎去拜访他的阮籍大哥时，阮籍正在跟朋友刘公荣唠嗑。老阮就对小王说："来，我这有两瓶茅台，正好咱俩喝，至于老刘就没份了，不用搭理他。"于是，老阮和小王觥筹交错，喝酒划拳，刘公荣在旁边干坐着，这两人真的一口酒也没给老刘，而老刘照样跟这两个疯子说说笑笑，好像什么都没发生。

这要是放到现在，有谁能沉得住气？老刘真是好脾气。话又说回来，如果在今天，这件事的前提也不会存在：谁能像阮籍这么干？说不给你喝就不给你喝，摆明了是得罪人的买卖；而王戎也真对得起阮哥，十分配合，根本没有现在的年轻人会"来事儿",主人不让,他也不让。一句话,这仨人都很疯狂,都很牛,疯牛。

阮籍狂得睿智,王戎狂得天真,而刘公荣狂得让人肃然起敬,他也狂,却是一种"闷狂"。古今中外历史上,总有一些"闷狂"的人,比如被称为现代绘画艺术之父的印象派大师塞尚。塞尚年轻时还远未功成名就,就已经口出狂言了:"像我这种绘画天才,几百年才出这么一个!"谁也看不出来这个外表其貌不扬的青年,心里有这么大的抱负和自信,眼中有这么狂傲的烈火在熊熊燃烧。

中国的艺术家,狂人就更多,几乎找不出几个不狂的,动辄号称老子冠绝当世,独步天下,而且一个标准语录就是"××年后必有知我者"!这个××,少则十年、几十年,多则上百年,总之意思是活在当代很悲哀,身边都是俗人,没有能理解他的艺术造诣的,必须等到后来人才能欣赏、崇拜和惊叹。

徐渭等到了,袁宏道对这位前辈顶礼膜拜;八大等到了,郑板桥心甘情愿给他当走狗;石涛等到了,齐白石恨不能为之铺纸磨墨……

这似乎是一个公理:所谓"穷困出诗人",一个时代最杰出的大师,往往是要在后世才能被承认,超越时空的金子只能在未来发光。其中的原因,也许不在于当世人缺乏审美的眼光,而在于人类的劣根性:距离产生美。只有年代久远,高人已逝,才不会与现世发生关系,因为这种时空之隔,自然地消除了荣辱利害。对于大多数人来说,在自身的圈子里,都倾向于宁可猛烈褒赞一个平凡的死人,也不愿为身边的杰出之士喝彩鞠躬。反过来说,现实里这种讽刺性的矛盾压抑,造就了最伟大的艺术,也造就了天才的狂态。

所以,由此可以推出的另一个结论便是:那些在他生活的时代就已经标榜为"大师"的,一定很难称得上大师。哪怕他也扮演着狂士的形象。或许,他可以称得上是一位具备一定艺术功底和文化水平的圆熟的社会活动家,一位"成功学"意义上的大师。但他距真正的"大师"尚属遥远,遥远到永远的距离。

而真正的大师、绝对的狂士,世俗的眼界是不易触及和达到的。就好似必须要度过漫漫的长夜,人们才有机会看得清猫头鹰的真实面目,可到了那个时候,狂鸟早已隐匿,消失于无影无形中。

书归正传。

"狂"有三种：明狂、阳狂和阴狂。

所谓明狂，是指光明正大、表里如一地狂，外表狂，内心也狂；所谓阳狂，也叫佯狂，就是假作狂态，或者装疯卖傻，看起来狂，实际上并不狂；阴狂，是闷狂，这种人表面上也许看不出狂，但骨子里非常非常之狂。

明狂是鹰，阳狂是猫，阴狂是猫头鹰。

鹰击长空，鲲鹏展翅，破浪乘风，睥睨群雄，狂而无拘，自由放任，目空一切，所以是明狂；猫儿叫春，凌波微步，撒娇撒泼，我行我素，疏狂而有所图，有所图而能自制，非真狂者，所以是佯狂；猫头鹰洞达而缄默，孤独而宁静，双眼一闭一睁，难得糊涂，半醉半醒，如燃烧的湿木，内热外冷，一切狂放隐现在低调与平和之中，所以是阴狂。

（二）猫 · 阳狂

俗话说："猫是奸臣，狗是忠臣。"

小动物们的奸与忠，不过是一种生物本性和生存本能。然而，猫确是有些"奸诈"——它们会在需要的时刻耍赖撒泼讨好你，而需求一旦满足，立刻做出一副毫不买账的高姿态。这种"我行我素"的做派，实在是一种佯狂的表现。

那些佯狂之士恰似猫儿。值得一提的是，"阳狂"其实也要区分看待，不同阳狂者的出发点、目的和性质全然不同——他们或为躲避乱世灾祸而明哲保身，或因看破红尘而任性疯癫，或为攫取名誉而哗众取宠。这队伍当中，自然也有高下之别，暂且不论。

现在是一个有趣的假想："阳狂"们是不是从猫咪们这里获得启示，从而佯装癫狂，"扮猫吃虎"呢？《尔雅·释兽》说："虎窃毛谓之虪（zhàn）猫。"《诗经·大雅·韩奕》云："有熊有罴，有猫有虎。"这些古籍里所记载的"猫"其实是指老虎（一说山猫），事实上，作为家畜，猫在中国的出现比较晚，最早也要在汉代之后（这也是大致确定于春秋时期的"十二生肖"中没有"猫"的原因）。

中国历史上，佯狂名士代不乏人，单单在艺术（实际上中国传统的艺术、文学和学术是统一的）领域，这样的疯子就有一群：杨风子、甘风子（风子即疯子。杨风子，即杨凝式，五代时期著名书法家，开启有宋一代"尚意"书风之先河；甘风子，宋人，书画家，事迹见于《画继》）……然而，我们发现，这些阳狂之士并非自古有之。秦汉之前，要么不疯不狂，要么真疯真狂；要么入世有为，要么出世无为。"阳狂"陆续涌现的历史时期和家猫引进中国的历史时期是大体一致的。当然，这只是个好玩的假设和巧合，文人与猫并无本质关联。阳狂的诞生实则是社会高度复杂化、历史高度成熟化、矛盾日趋尖锐化的结果。

除了那几个"疯子"之外，阳狂最典型的代表是米芾。书法史上号称"宋四家"之一的米芾，世谓"米颠"，以痴狂著称。但"狂"之于老米不过是哗众取宠的装饰，内心却精明得很，他的狂是工具，是有心计的狂，是伪狂，是阳狂。

有一天，当皇帝让米芾点评天下名士书法时，老米侃侃而谈："蔡襄勒字……黄庭坚描字，苏轼画字。"在巧妙而含蓄地贬低了别人一通后，皇帝问："卿书何如？"老米装疯卖傻道："臣书刷字。"表面上看，"刷"的意思是涂鸦，是胡乱写，实则是说自己的艺术造诣已经达到随心所欲、纵横挥洒的境界，无形中抬高了自己的地位。

而当奸臣权相蔡京私下问他："老米啊，你说当今世上谁的书法最牛逼？"（原话：今能者有几？）米芾回答："晚唐柳公权之后，要数你们蔡氏兄弟了。"（原话：自晚唐柳氏，近时公家兄弟是也。）蔡京大喜，又问："那接下来还有谁啊？"米芾说："我啦！"（故事出自宋人笔记《铁围山丛谈》）

米芾所称的"公家兄弟"即蔡京、蔡卞二人，书法造诣的确很高，但在人品决定书品的"中国特色的艺术意识形态"下，他们的书法为后世所贬低和忽视也在情理之中。后世虽偶有翻案，但难见回响。比如，启功就盛赞"二蔡"的书法：

笔姿京卞尽清妍，蹑晋踪唐傲宋贤。一念云泥判德艺，遂教坡谷以人传。
（启功《论书绝句》）

启功还在诗后写道："二蔡、米芾为一宗，体势在开张中有聚散，用笔在遒劲中见姿媚。以法备态足言，此一宗在宋人中实称巨擘。"将"二蔡"书法置于苏轼、黄庭坚、蔡襄等人之上。

依我看来，米芾手底功夫纯熟，然腹中学养未饱，故下笔纵然风樯阵马，总嫌泼顽匠气未脱，所以米字经推敲而不耐咀嚼，与苏黄等人不可比。当然，

子猷种竹图
创作时间：
2017年

艺术这东西实在是不好言说的，审美和价值取向不同，视角和结语则迥异。启功先生的论断，自然是仁者见仁的见解。但就事论事，米芾在当时的情景下做出的回答，活脱脱一副谄媚的嘴脸，马屁拍尽又滴水不漏，这是哪门子的狂士？恰似一只献媚于主人且性情乖张的猫，实在不能让人太高看他。

当然，米芾也是有榜样的。比米芾更早的阳狂前辈大概是晋代风流名士顾恺之和王徽之。这里单说王羲之的五儿子王徽之，他最大的缺点就是矫情、做作：

王子猷尝暂寄人空宅住，便令种竹。或问："暂住何烦尔？"王啸咏良久，直指竹曰："何可一日无此君？"（《世说新语·任诞》）

寄居别人家也要刨地种竹子，难道你王徽之一点人情世故也不通？不然的话就只能说你太矫情了，这不是故作狂士姿态是什么？小王就像一只自视血统纯正的暹罗猫，在起居、饮食、环境的选择上必须尽情挑剔，不"装"就活不下去。

他另一个著名的典故是"剡溪访戴"：半夜大雪，兴起独饮，嫌不够劲，于是起身乘舟去访友。这种率意，确有狂士风采。然而事情发展到最后，当他走了一夜终于到了朋友家，却不进门，转头原路折回。别人问他缘由，他说："乘兴而行，兴尽而返，何必见戴？"这就有点没劲了——"乘兴而行"，没问题；"何必见戴"，就太矫情、太没人情味儿了。

相形之下，苏东坡表现得就比王子猷好得多：

元丰六年十月十二日夜，解衣欲睡，月色入户，欣然起行。念无与乐者，遂至承天寺寻张怀民。怀民亦未寝，相与步于中庭。庭下如积水空明，水中藻荇交横，盖竹柏影也。何夜无月？何处无竹柏？但少闲人如吾两人耳。（苏轼《东坡志林》）

这段文字就是著名的《记承天寺夜游》。苏轼和好友张怀民其时都被贬官，内心都充溢着不尽的苦闷，但是坡翁的字里行间却洒满了明亮的月光，透彻读者的心扉。只因为这文字里的月色，我们都曾经历和拥有。那是不畏人生悲苦、乐观向上的人们，内心充满希望的光辉。

而苏轼的可贵可爱之处，就在于他的真，真而放、放而不佯狂。佯狂，就

承天寺夜游
创作时间：
　　2017年

不是苏轼，惟其不狂，更不伪装狂态，所以几乎所有人都能接受和喜爱苏轼。哪怕，苏轼的内心深处，委实充满了张狂，但他从不摆任何 pose。同样的经历和故事，在苏轼和王子猷身上的折射和反映就完全不同。原因很简单，前者是真狂士，后者是伪狂士。

真正的狂士，什么都不在乎。那份狂，发自骨子里，伪装不了，也学不来。心里狂、言谈狂、举止狂、不分时间场合对象地狂、几十年如一日地狂下去，才是真狂。

（三）鹏·明狂

真狂又分两种。真正的狂者可以明狂，也可以阴狂。

明狂，如鹰隼雕鹏，振翅扶摇，睥睨今古，视名利富贵如浮云，视死生若白驹过隙。

钟士季精有才理，先不识嵇康。钟要于时贤俊之士，俱往寻康。康方大树下锻，向子期为佐鼓排。康扬槌不辍，傍若无人，移时不交一言。钟起去，康曰："何所闻而来？何所见而去？"钟曰："闻所闻而来，见所见而去。"（《世说新语·简傲》）

面对钟会这位极有前途的大官僚，嵇康一点面子也不给，在众目睽睽之下照样打铁，旁若无人，使得心胸本不宽广的钟士季先生，因为这次访问所受到的冷遇怀恨在心，后来终于找个借口在司马昭面前挑拨诬陷，杀害了嵇康。

嵇康为自己的"明狂"付出了最沉重的代价，却因此在人生的终点，用一曲超旷古今的绝技，奏响了一个个体和他所身处的整个时代的生命之最强音。《广陵散》终成绝响，但那激昂超迈的乐章永世不灭。这乐曲像嵇康的灵魂，如一只苍鹰，逐日冲奔，哪怕化为灰烬。这是"明狂"——是真正狂者的精神，是狂士的情操，是在黑云压城城欲摧的阴霾之下，用"无能"的力量引爆自己所释放出的最耀眼的强光。

一般来说，狂生儒士，都是"无能"的。他们对抗蛮横的强者所用的唯一武器，就是气节、情操、品德——这些人格的力量。而当这些无能的力量到了文人作家笔下，就化成了不可遏制的有形武力，如鲲鹏乘风、渴骥奔泉、长虹

嵇康打铁图
创作时间：
2017年

贯日、惊涛拍岸，一发而不可收：

楊过哈哈一笑，纵声长啸，四下里山谷鸣响，霎时之间，便似长风动地，云气聚合。那一干人初时惨然变色，跟着身战手震，呛啷啷之声不绝，一柄柄兵刃都抛在地下。杨过喝道："都给我请罢！"那数十人呆了半晌，突然一声发喊，纷纷拼命的奔下山去，跌跌撞撞，连兵刃也不敢执拾，顷刻间走得干干净净，不见踪影。（金庸《神雕侠侣》）

不论治世乱世，困顿显达，所谓"千古文人侠客梦"，每个人心中都有疯狂的潜意识。所以金庸的笔下，有了"西狂"杨过、有了令狐冲，有了众多个性鲜明的不羁侠士和性情女子。他让这些侠客有了无与伦比的力量，足以击碎任何不可一世的权势与威严，这些狂侠正是文人心中狂士理想的化身。

也许不该仅是一个巧合——"侠"与"雕"——郭靖与白雕、杨过与神雕，在金庸的作品里成为一对奇妙而必要的组合。因为雕和那些鹰、隼、鸢、鹗、鹫、鹏一样，都是猛禽，只有猛禽才最恰如其分地渲染和烘托出"明狂"的理想和情怀。

所以，历史上最狂的狂人，都不约而同、前后呼应地呼唤、讴歌猛禽——它们是"明狂"精神的象征。最早是一代宗师庄子，在《逍遥游》的开篇，庄周就以无穷浪漫的笔调恣意铺陈：

北冥有鱼，其名为鲲。鲲之大，不知其几千里也。化而为鸟，其名为鹏。鹏之背，不知其几千里也；怒而飞，其翼若垂天之云。

庄子所营造的这一千古意象，深刻而悠远地影响了后世所有文人，比如一代诗仙李白。《大鹏赋》是李白的早期作品之一，在这篇自以为是的文章里，李白欣喜若狂地接受了道教大师司马承祯的赞美，自视为庄子笔下的神鸟大鹏，并一生以此自况。

自古狂人很多，但是再狂的人好像跟诗仙李白也没法比，有时候你甚至会认为李白俨然生活在自己的梦境里，显然，他已经狂到了最高的境界：巅狂——巅峰之狂。而当狂人李白遇见狂僧怀素时，李狂人毫不吝惜地倾泻了他的狂赞：

少年上人号怀素，草书天下称独步。墨池飞出北溟鱼，笔锋杀尽中山兔……
（李白《草书歌行》）

又见"北溟鱼"——看得出李白对庄子的鲲鹏总是念念不忘,而他似乎总是用它来赞美当世最伟大的书法家。在其写给另一位书法巨匠李邕的一首诗中,几乎如出一辙,李白《上李邕》起首就是:"大鹏一日同风起,扶摇直上九万里……"

幸好对方是李邕、是怀素。就李白的这通狂赞,别说一般人根本消受不起,就是受诗者本人恐也是当之有愧的。换作旁人,早就得脸红心跳血压陡高汗流浃背了。

可怀素不会被吓到,因为他也够狂,不狂的话就写不出《自叙帖》这样的绝世狂草,不狂的话就不会将所有人对自己的赞美之词大书特书,什么"狂来轻世界,醉里得真如",什么"忽然绝叫三五声,满壁纵横千万字",什么"驰毫骤墨列奔驷,满座失声看不及"——怀素的脸皮够厚,他是真轻狂!

然而,明狂分子的狂,不仅仅在于言语表现,更展现于他们的行为、实践。请看明代最杰出的精英人物——心学大师王阳明是如何"发狂"的:

嘉靖三年(1524)中秋之夜,明月清风。王阳明在天泉桥宴请门人百余人,据称"酒至半酣,或歌唱,或投壶,或击鼓,或泛舟,兴致盎然"(王阳明《传习录》),王阳明怀抱万丈豪情,当场赋诗,其中一句是:"老夫今夜狂歌发,化作钧天满太清。"——此情此景,何等气概,恰似当年曹孟德横槊赋诗的慷慨激昂!三年后,王阳明奉旨出征广西前又在此地进行"天泉证道",又一年,出征凯旋,一代宗师悄然病逝于归来的舟中。

王阳明的一生,身体力行,完美地诠释了自己的思想主张:超狂入圣。——先做狂士,然后可以为圣人。换句话说,"狂"距离"圣"最为接近,是变相的圣。比如那个最早的著名狂士接舆:

楚狂接舆歌而过孔子曰:"凤兮凤兮!何德之衰?往者不可谏,来者犹可追。已而,已而!今之从政者殆而!"孔子下,欲与之言。趋而辟之,不得与之言。(《论语·微子》)

孔子想跟接舆搭话,接舆根本没给他机会。这是狂人们展露狂态的惯常方式,而"明狂分子"们尤其如此。特别有意味的是,接舆把孔子比作凤凰,而"鹏"的古文字正是"凤",也就是说,其实,鹏便是一种凤,凤也是鹏。更有意味的是,《尔雅》说:"狂,獴(mèng)鸟。"

花间一壶酒
创作时间：
2017年

鹓鸟，就是一种凤凰。原来，凤凰的名字，也叫做"狂"！"狂"可以是猫头鹰，可以是神鸟凤凰，也可以是鲲鹏。金庸的雕，庄子的鹏，接舆的凤，还有神秘的怪鸟猫头鹰，在"狂"的名义下和谐成一统。

（四）猫头鹰·阴狂

阴狂，就是暗地里狂。和"闷骚"类似，它是种"闷狂"。大多数时间里，猫头鹰是沉默静止的，可时机一旦成熟（夜幕降临，田鼠出没），它就会立刻行动，开始发飙。

我们还是先拿书法家说事。

"闷狂"的代表书家是明末清初的书坛巨擘王铎。王铎这个人，曾被视为"贰臣"，作为明代高级官员而降清，这一行为本身足以让同时代的文人不齿，可后人还是承认了他在书法史上的地位。他一腔曾经的豪情都尽数抛洒在宣纸之上、笔墨之间，形成了他狂放不羁、独树一帜的草书。平日的他畏首畏尾，面对国事人言低调、再低调，但在他所唯一拥有的东西——艺术上，却毫不畏惧地展露自己的自信、狂态与激情：

吾学书之四十年，颇有所从来，必有深相爱吾书者。不知者则谓为高闲、张旭、怀素野道，吾不服、不服、不服！（王铎《草书杜甫诗卷》跋）

王铎高喊不服，认为别人拿张旭、怀素的书法和他作比较简直是在侮辱他，因为在王铎眼里，"颠张狂素"这样的书法大匠不过是旁门左道，他确信一定会有深爱其书法的人——这是典型的"闷狂"。后人称王铎及其书法为"五百年来唯此君""有明第一"，就是最好的证明。

一般来说，"阴狂"的人大多怀才不遇，充满郁郁不平之志，外在环境与内在心境充满矛盾。但是他们不声张，不显露，将一切隐忍在心底。只是在诗词书画里，偶尔吐露自己想要发狂的心声：

伫倚危楼风细细，望极春愁，黯黯生天际。草色烟光残照里，无言谁会凭阑意？　拟把疏狂图一醉，对酒当歌，强乐还无味。衣带渐宽终不悔，为伊消得人憔悴。（柳永《蝶恋花》）

"奉旨填词柳三变"其实是极度闷狂的骚人。死后能得妓女们集资安葬，非狂人，谁能得此"殊荣"？流连于青楼的文士，多为狂者。除了柳永，还有他的前辈杜牧：

落魄江湖载酒行，楚腰纤细掌中轻。十年一觉扬州梦，赢得青楼薄幸名。（《遣怀》）

再看杜牧留给我们的传世国宝——《张好好诗卷》，这卷书法力作本是写给一名叫做张好好的妓女的长诗。文人狎妓在古代再正常不过，但是能够毫不介意流言，大大方方给妓女们献诗、送礼，甚至热情唱赞歌，不是像苏轼这样心胸坦荡的儒之大者，就是如小杜般冷对世态的狷士狂生。面对世人最轻贱的妓女，柳永、杜牧们不但不鄙视，还坦诚相待，相敬如宾。就算是做样子给世人看，也属难得。看看扬州八怪之一金农的日记：

昨日写雪中荷花，付棕亭家歌者定定。今夕剪烛画水墨荷花以赠邻庵老衲。连朝清课，不落屠沽儿手，幸矣哉。（《冬心集拾遗》）

"八怪"就是"八怪"，郑板桥如此，金冬心也是如此。上面这段话是金农写在自己杂画上的题记，据金农自述，他画的两幅荷花图，一幅赠送给一名叫做"定定"的歌妓，一幅送给邻居尼姑庵里的尼姑，还庆幸喝彩他的作品没有落在凡夫俗子的手里。周作人批评金农"不过只是借此骂那些绅士，悻悻之色很是明了，毕竟也是儒家的派头"。然而，我们不该再苛求。金冬心的做法实在已经足够超凡脱俗，让常人刮目了！

其实，老金是通过这种方式证明自己狂，狂得够味，狂得带劲。在相当多情形下，"狂"是一个名士的身份特征和价值体现。要表明自己够狂，最普通和常见的手段有两种，一种是自吹，一种是互吹。古代的文士时常赞许身边那些具备狂士资格的朋友，哪怕对方并不一定很够格。比如苏轼推崇他的朋友季常，王维盛赞他的哥们裴迪。至于文人的自诩就更俯拾皆是了。唐朝贺知章自号四明狂客；宋代陆游号放翁；就连老实巴交的杜甫，也要"自笑狂夫老更狂"，或者"漫卷诗书喜欲狂"；至于东坡的"老夫聊发少年狂"，虽是偶尔发作，其青睐于狂态，亦可见一斑。

其实，每个人心底都或多或少有这样一个狂人梦。然而，要成为真正的狂人，光说不练是不行的。器识、眼界、才能、性情、仪容、举止，一个也不能少。

一代大师陆九渊这样阐释心学："人须闲时大纲思量，宇宙之间如此广阔，吾立身其中，须大作一个人。"这个大写的人，印证了他所宣扬的人的主体意志和阳刚进取的精神，毫无惧色地展示出"唯我独尊"的气概——这恰是狂者的精神，也是儒家思想一项最原始的本义。

因为，就连看似中规中矩的先圣孔子也承认"狂"的价值：

不得中行而与之，必也狂狷乎，狂者进取，狷者有所不为也。（《论语·子路》）

孔夫子的这句话颇有《易》"天行健，君子以自强不息"的精神和意味。实际上，孔子打骨子里便是个够味儿的"狂士"，因而当他在与弟子们一次偶然的闲谈时，听到曾皙说自己的志向是"浴乎沂，风乎舞雩"（在沂水边游泳，在祭台下乘凉），孔子不禁喟然长叹"吾与点也"（咱俩是一道的）！显然，弟子曾点的那句充满诗意的描述，拨动了孔丘心底隐忍尘封的弦。

孔门所向往的春风沂水之天地间正大气象，也正恰似毛泽东"中流击水"那不可遏止的意态与豪情。只不过，前者是"狷者有所不为"，后者是"狂者进取"；前者是阴狂的茅鸱，后者是明狂的鲲鹏。

只可惜，大道既逝，理想犹存。孔子只能隐匿心间的狂狷意态，略带幽默和自嘲地对子路感慨一声：

道不行，乘桴浮于海。（《论语·公冶长》）

咱们忽悠的这一套玩意儿行不通啦！子路啊，你跟老师驾上木筏，到那无边无际的大海里去漂流吧！——孔子的狂，隐忍而悲伤，在这句话里再次显露无遗。

到了后世，唐朝李白"人生在世不称意，明朝散发弄扁舟"，跟孔夫子正是同样的想法和姿态；宋代苏轼"小舟从此逝，江海寄余生"，也完全是同一个路数和心理。

所以那种将儒家和儒学仅仅诠释为中庸与仁，将儒士的楷模视为谨严、含蓄和内敛的看法，都是不太有道理的。孔子不但狂，真狂、闷狂、阴狂，而且实在是狂之大者。他无疑是充满矛盾的悲情人物。从这一点看来，后世，尤其是中晚明心学以一种开阔放任的视角、知情见性的层面、超狂入圣的方式去重新诠释儒学之道，是完全合理和可以预见的。而朱熹以正襟危坐、四平八稳的姿势去说儒学，从精神上来讲，孔子是不大买账的。

倘若在天堂，我猜测孔子会拍着陆九渊和王阳明的肩膀嘿嘿一笑："Well done, fellows!"（干得好，家伙！）然后拉着这哥俩找个小酒肆去开怀痛饮。丢下个朱子，苦着脸一个人喝茶。

阴狂比明狂更难。因为必须要有猫头鹰那洞若观火的眼神、犀利冷静的智慧、坚如磐石的意志，才能够穿越无边的黑夜。

明末清初横空出世的一代书画宗师八大山人，同样彰显出自由无羁的真正狂者精神，只不过时代变了，八大只能以独特的"阴狂"来表达。身为明皇室后裔的朱耷，亦僧亦俗，实际上集儒释道于一身，自号八大，意思是"四方四隅，皆我为大，而无大于我也"。经受国破家亡之剧变的八大山人，一腔忧愤化作书画漫卷，水墨纵横，"墨点无多泪点多"，他作画的情态便是十足的狂：

> 山人既嗜酒，无他好，人爱其笔墨，多置酒招之，预设墨汁数升、纸若干幅于座右。醉后见之，则欣然泼墨广幅间，或洒以敝帚，涂以败冠，盈纸肮脏，不可以目，然后捉笔渲染，或成山林，或成丘壑，花鸟竹石，无不入妙。如爱书，则攘臂搦管，狂叫大呼，洋洋洒洒，数十幅立就。醒时，欲求其片纸只字不可得，虽陈黄金百镒于前，勿顾也。其颠如此。……其醉可及也，其颠不可及也。（陈鼎《八大山人传》）

狂叫大呼、挥毫泼墨，八大的那份狂态也许易学，但骨子里那真狂大我的精神别人是学不来的。当代"著名"书画家比比皆是，比历史上的佯狂更佯、伪狂更伪的大有人在，实际上却连"佯狂"都算不上，因为他们跟"狂"压根不沾边，只能说是沐猴而冠。"狂"需要器识作骨骼，学养为血肉，性情当皮毛。连皮毛都没有，不是装狂是什么？

但凡在历史巨变、时局动荡的乱世，狂才迭出，阴狂云集。明清以降，徐渭、陈淳、王阳明、李贽、八大山人、石涛、傅山……狂士风起云涌；民国年间，怪才同样灿若群星，而在这些大师级人物中间，最有名、最怪异的狂士，当属辜鸿铭。

八大涉事图
创作时间：
2017年

辜鸿铭梳着小辫子走进北大的学堂，学生们哄堂大笑。辜不紧不慢地说："我头上的辫子是有形的，你们心中的辫子却是无形的。"狂傲的学子们霎时一片静默。

这是我一篇旧文《为了张狂的宁静》中拮引的片段，狂是言行，是表象；静是底气，是修为。失去这"静"功夫的狂，绝不是真正的狂。民国时代，狂士辈出，除了辜鸿铭，最著名的狂人还有天下第一疯子——学术泰斗章太炎，号称章疯子，他的弟子黄侃同样以疯狂闻名于世。这师徒俩，口气之大，自视之高，自信之强，语调之亢，几乎无人出其右。然而，他们有充分的狂的理由，狂态的背后是深厚无匹的学养根基和博大器识。

比如辜鸿铭，看似顽固抵制西学，是死硬保守派的老古董的代言人。实则老辜学贯中西，是最通晓中外文化差异、洞观问题根本所在的一世人杰。外国人都知道这样一句话："到中国，可以不看紫禁城，不可不看辜鸿铭。"正是这句颇有广告色彩的醒目话语，吸引了无数外国名流造访这位怪老头，包括当时一位日本的年轻人，日后《罗生门》的作者芥川龙之介。

等候不到一分钟，便有一位目光炯炯的老人推门而进，用英语说："欢迎，请坐。"当然这便是辜鸿铭先生。花白的辫子，白大褂儿，若是鼻子稍短一些的话，脸就会感觉像一只大蝙蝠。……议来议去，先生愈加意气轩昂，双眼如炬，脸更像蝙蝠了。（芥川龙之介《中国游记》）

芥川对辜老充满了敬佩。然而他注意到，这位传说中的怪才，不但性格古怪，连长相都出奇。一个人一旦超常地狂怪，想来连模样也是要狂怪一些才对，不然终归显得不太匹配。比如胡适，的的确确就应该长成那个样子，温文尔雅，透露着智慧；鲁迅，活生生就该是他那个模样，刚直不阿，满脸严肃和深沉，偶尔的笑容才会显得他更加可爱；而辜鸿铭，酷似大蝙蝠——对，这就是他了！

其实，或许辜老的眼睛太小了，倘若再大一些的话，加上他本来就很突出的鹰钩鼻，芥川一定会说辜鸿铭先生太像一只猫头鹰了。

我就觉得辜先生可爱，他狂得要命，怪得可以，长相如同猫头鹰——这真是酷。《尔雅》说：狂，便是猫头鹰。辜鸿铭老爷子真是太完美了。

（五）狂鸟祭

猫头鹰的长相与习性，似乎就是为对应狂者而生的。

作为最神秘的一种动物，猫头鹰在人们眼中的形象始终是极其矛盾的。一方面，它代表着智慧；而另一方面，它寓意着邪恶。在西方，它是希腊的智慧女神雅典娜的爱鸟（Athene noctua），猫头鹰因被认为可以预示事件而成为智慧的象征。但由于它们在夜间活动，而且发出诡异的声响，于是与神秘和超自然产生关联，猫头鹰神秘的习性、安静的飞行和令人不安的叫声使其成为世界上许多地区迷信甚至恐惧的对象。

中国有句俗语"夜猫子进宅，无事不来"。夜猫子就是猫头鹰，人们认为它的出现，是死亡和灾难的讯号。因而猫头鹰几乎成了过街老鼠，人人得而诛之。在西方，猫头鹰的命运同样好不到哪里去。中世纪，它被视为基督来临前黑暗的象征，也指那些在黑暗中彷徨的无信仰者。总之，猫头鹰总被看作是带来不祥预兆的恶鸟。

猫头鸟即枭也，闽人最忌之，云是城隍摄魂使者。城市屋上，有枭夜鸣，必主死丧。然近山深林中亦习闻之，不复验矣。好事者伺其常鸣之所，悬巨炮枝头，以长药线引之，夜然其线，枭即熟视良久，炮震而陨地矣。（《五杂组》）

好事者以巨炮挂在猫头鹰栖身的树枝上，点燃导火索，这时候，猫头鹰的反应是令人诧异的。它没有像乌鸦、麻雀那些鸟儿那样，本能地飞走，惊吓回避，而是选择了留守。它凝望，而且"熟视良久"——你可以想象它专注（或毫不在意）的眼神。我认为这眼神中，有一种意味，叫做轻蔑。猫头鹰不是不能飞，而是不屑飞。因为那意味着逃跑，意味着示弱。尽管它免不了死亡的厄运，但是它捍卫了尊严，用一如既往的平静去迎接死亡。

这种境界，正是狂士的境界。

宁为玉碎，不为瓦全。我认为我们应该向这位死难的猫头鹰致敬。

动物学家说，猫头鹰是唯一能够分辨蓝色的鸟类。可是为什么，它们却选择在黑夜里飞翔？在光明的白昼里，在蔚蓝的天宇下，如果人们看得到狂鸟们的身影，人们对它的印象是否会大为改观？

然而，现实中的确有过猫头鹰出没于白天的记录，并为主人带来祥兆：

有枭晨鸣于张率更庭树，其妻以为不祥，连唾之。文收云："急洒扫，吾当改官。"言未毕，贺者已在门。（刘𬓲《隋唐嘉话》）

一只猫头鹰一大清早就在张文收家院子里的大树上鸣叫。他妻子认为不祥，冲着猫头鹰呸、呸、呸个不停。张文收却说了一句令人惊愕的神谕一般的话："赶紧打扫一下家里的卫生，我要升官了。"话音刚落，前来祝贺的人们已经涌到老张家门前。

张率更是唐太宗时代的一介"神人"，关于他神奇预知能力和超验行为的记载很多。不知道他根据什么推断出猫头鹰的晨鸣会带来加薪升职的好运。或许，狂鸟与神人之间的交流，普通人实在无法知晓吧。不管怎样，猫头鹰好歹拥有了一次光彩的记录、正面的形象。

然而狂鸟是从不在意人们对它的印象的，因为智者不悔，勇者无惧，狂者无敌。它们继续在深夜里飞翔。因为狂，所以狂下去。

顺便说一句，当代学者李零好像把孔圣人比作"丧家狗"，招来"正统"孔门传人的口诛笔伐。或许，"狗"这个字眼有点"恶毒"，倘若换称作猫头鹰，是不是责骂就会少一些？

孔子是一只出没于白昼的狂鸟，在大道难行的困境里，遭受贵人的冷遇，经历现实和理想交错的悲凉，于是我们的老夫子栖息在《论语》的枝桠间，紧闭双目，一次次憧憬那"风乎舞雩"的美好春光。

我又想到了阮籍，这个聪明而可爱的狂者。他到底该属于明狂呢？还是阴狂？他比"血荐轩辕"的嵇康多了几分理智和内敛，又比王徽之那些阳狂者多了几分大气和从容，一个能够在别人妻子身侧酣睡而不被猜疑的人必然是磊落坦荡的，可从那首经典的古琴曲《酒狂》（传说该曲为阮籍所作）一晃三摇、有礼有节的微醺而有节制的脚步声里，我感到阮籍，其实更像一位亲切的长者，他也是暗夜里的猫头鹰。

说到底，也许，猫头鹰——这些狂鸟们，才真正践行了诗人顾城的理想："黑夜给了我黑色的眼睛，我却用它寻找光明。"

或者，几百年前那位顶天立地的铁血男儿放出的"厥词"，正是狂者的宣

言——牛人辛稼轩将笔往空中一抛,朗声道:

不恨古人吾不见,恨古人不见吾狂耳!(辛弃疾《贺新郎·甚矣吾衰矣》)

狂者不朽。

稼轩松醉图
创作时间：
2014年

其他

眠卧逵舟

眠

> 眠，泯也。
> ——《逸雅》

古人说话很讲究，今人觉得多余：睡、眠、卧、寝、寐、偃、息、休、憩……如今，不管鼾声如雷还是打盹，合衣而卧还是裸睡，一律叫睡觉。

睡觉曾经充满诗意：

春眠不觉晓，
处处闻啼鸟。
夜来风雨声，
花落知多少。（孟浩然《春晓》）

平白朴实如话而意味绵长，是古诗所追求的最高境界。同样是白话，用现代汉语念来就会是这样：

春天里睡大觉，不知不觉日头高。
到处都是鸟儿叫，叫得真热闹。
昨晚那场暴风雨，那叫一个大！
不知道窗外的花花草草，凋落了多少？

我翻译后的这首词，可以用 RAP（饶舌）来说唱，最好用男声，配合以街舞的动作，比如念到"那叫一个大"的时候，歌手可以摇双臂于胸前然后耸肩、张开、定格、最后挑起拇指之类；也可以用民歌《山青水秀太阳高》的旋律来演唱，该曲本是首山西民谣，几年前曾被国内某贺岁影片篡改作片尾曲，名曰《知道不知道》，当然用女声诠释比较好，最好是影片里的原声。

接着说"眠"，"眠"本来写作"瞑"。《说文》："瞑，从目冥，会意。翕目也。"所以，瞑的本义是闭上眼睛，比如"瞑目"——既可以是暂时性的，也可以是永久性的。后者不言而喻，前者，关系到一个重要成语的来源。《六韬·龙韬·军势》："疾雷不及掩耳，迅电不及瞑目。""迅雷不及掩耳盗铃"，"盗铃"二字的添加虽属现代人之"无厘头"，却揭示出该成语产生的背后偷工减料、偷梁换柱的历史。

"春水碧于天，画船听雨眠"（韦庄《菩萨蛮·人人尽说江南好》），词写出了"眠"的韵，"眠"点亮了词的神。至于东坡居士脍炙人口的"转朱阁，低绮户，照无眠"句，因全词一气呵成，才思如雨注，眠字用在这里并不起眼。

睡眠时常与酒有关，喝醉了酒就要睡觉。且看我们的诗仙，能喝能醉也能睡。杜甫说他是"李白斗酒诗百篇，长安市上酒家眠。天子呼来不上船，自称臣是酒中仙"（《饮中八仙歌》）。而他自己，在关于睡觉与喝酒的问题上，写道："两人对酌山花开，一杯一杯复一杯。我醉欲眠卿且去，明朝有意抱琴来。"（《山中与幽人对酌》）这首诗，好在天真自然，且有极强的节奏感，感觉像是李白一个人的吉他弹唱，神采飞扬。

睡觉是诗意的，而在所有关于睡觉的文字中，"眠"是最具诗意的。"空山松子落，幽人应未眠"（韦应物《秋夜寄丘员外》）、"月落乌啼霜满天，江枫渔火对愁眠"（张继《枫桥夜泊》）、"春色恼人眠不得，月移花影上栏杆"（王安石《春夜》）、"笋根稚子无人见，沙上凫雏傍母眠"（杜甫《绝句漫兴九首之七》）——失眠造就性感。不光是中国，哪里都一样：《今夜无人入眠》（普契尼歌剧《图兰朵》）。不同之处在于，中国人失眠之诗意缘于独处，绝无群居而失眠、失眠且诗意的情形产生。此外，更重要的一点是中国的文学和艺术，其诗意若来自失眠，则失眠必来自失意。

当然更多相同之处在于"眠（无眠）"促成了主体的内省和沉思，既包括行为亦包含状态，甚至拟态环境。"眠琴绿阴，上有飞瀑"（司空图《诗品二十四则·典雅》），我想象它描述的是一把安睡的琴，尽管依文字学家解释，此眠字意为"平放"（英文之"Lie"）。而成语"眠思梦想"则是在提醒电视台的策划者们，《梦想剧场》、《梦想中国》之外，倘若再有增设类似节目的必要，不妨考虑换个字眼以杜绝观众的审美疲劳，譬如可以考虑《眠思剧场》、《眠思中国》……

　　《逸雅》一书从音训角度对眠字给出的解释是："眠，泯也。无知泯泯也。"泯，自然是茫然无所知，一种混沌无我的状态，看上去这是与主体的内省反思背道而驰的。然而，还是郑板桥老爷子说得好：难得糊涂。所谓"大梦谁先觉，平生我自知"，无知泯泯地睡去，恰似清清白白地醒来。

载 2009 年 3 月《读者》原创版

春晓图
创作时间:
2016年

卧

> 卧,化也。
> ——《逸雅》

同样是睡觉,睡的结果和价值却大不相同。

诸葛亮茅庐一睡,睡出千秋宰相;王羲之东床一睡,睡得百代美名。要睡出新意、睡出气势、睡出品格、睡出水平,并不容易——前提是你千万别真睡,孔明若真睡哪能作出隆中对?

事实上,高人的睡法不叫睡,叫"卧"。卧龙是卧,卧虎藏龙是卧,卧薪尝胆也是卧,"卧"是个高尚的字眼,是睡中之贵,有谁听说过卧驴、卧猪?《说文》:"卧,休也。从人臣,取其伏也,人臣事君俯偻也。""卧"是会意字,"臣"在甲骨文中就是一只竖立的眼睛。当人伏在几案上休息时,脑袋横着,两只眼睛上下排列成一条线,所以是竖立的形状。

"俯首帖耳"——这就是对"臣"的描述。瑞典汉学家林西莉解释说:"(皇帝)派官员去亲自监督田野上的劳动。'臣'字就表现一只监视人的大眼睛。"事实上,我认为这个字的原始含义里并无监视的意味,没有那么趾高气扬,相反,它仅仅表示"低垂"(高本汉)、"服从",就像一个趴在桌子或别的什么东西上的人。

严格说来,并非趴在什么上面都可以叫"卧"。"卧床不起"是不对的,《孟子正义》:"卧与寝异,寝于床……卧于几……统言之则不别。""几"是小书桌,古人常用来摆在座前倚靠休息。比如葛康俞先生的著作,取名《据几曾看》;又如《孟子·公孙丑下》："坐而言，不应，隐几而卧。"韩国电影《我的野蛮女友》中，野蛮女友的爸爸每次举杯一饮而尽、垂头伏案的动作，就是个夸张的"卧"，当然也是个很不雅的卧。"卧"成为雅量高致的字汇，与士人的崛起有关。

"卧"本是趴下睡觉，有了士，卧就脱离了低级趣味，至于高士的卧就成了"高卧"。高士就是雅量高致的隐士，高卧便是隐居，又叫卧云。

卿累违朝旨，高卧东山，诸人每相与言，安石不肯出。（《晋书·谢安传》）

一代名相谢安，早年无意仕途，朝廷屡次召他做官，他都以身体不好为由辞退。既然"身体不好"，那么就要"卧"。谢安高卧东山时，外出游玩常携妓。当时宰相司马昱（后即位为简文帝）听后说："谢安既然肯与人同乐，也就不会不与人同忧。"

后来，在谢氏家族面临兴衰荣败的时刻，谢安毅然出仕，重振门风，挽狂澜于既倒；在国家生死存亡的关头，谢安运筹帷幄，淝水一战，扶大厦之将倾。

成语"东山再起"，讲述了谢安的传奇。中国古代有两位著名的以"安石"为字的人物，其行为也相似。一个是东晋谢安，一个是北宋王安石。王安石或许就是效法了他的前辈谢安石，也是朝廷屡次招聘都推委不仕，直至时机成熟才当仁不让。当然，行为相似，结果却未必相同。但不管怎样，两位安石的"卧"与"起"，都是以天下为己任。这是伟大的可仰之"卧"。

"夜阑卧听风吹雨，铁马冰河入梦来"（陆游《十一月四日风雨大作》）。作为爱国诗人的陆游即便是"卧"，梦中的景象都是金戈铁马，充满报国之志。这是可敬之"卧"。

"夏月虚闲，高卧北窗之下；清风飒至，自谓羲皇上人"（《晋书·陶潜传》）。五柳先生不为五斗米折腰，归去来兮，采菊东篱，寄情山水。正所谓"穷则独善其身"，这是可慕之"卧"。

"最喜小儿无赖，溪头卧剥莲蓬"（辛弃疾《清平乐·村居》）。无赖是顽皮，不是今天的无赖。报国之志不得伸张，稼轩在怡然的生活场景中寻求慰藉和平淡的欢乐，卧看云卷云舒，"山鸟山花好弟兄"（辛弃疾《鹧鸪天·博山寺作》）。这是可爱之"卧"。

虽然，今天的"卧"字不再那么可仰可敬可慕可爱，但还是保留了些高调。比如学生宿舍和家庭起居相比，后者可称为卧室，前者只能叫寝室而已。轿车以前都是叫做小卧车，火车上则有卧铺。

今天很少有人知道这个词汇了："卧辙"。它的意思是卧在道路上阻止行车，后用作挽留去职官吏的用语。和我们今天说的那个惨烈的名词"卧轨"是风马牛不相及的，尽管字面上是如此接近。

卧总是有道理的。君王和宰相的无为而治，被称为"卧理""卧治"；文化人懒得行万里路，躺在家中翻看闲书，把玩山水画卷，被叫做"卧游"；中国古典舞中特有的一个非常富于表现力的动作被美其名曰"卧鱼"，虽然我从没见过什么鱼会"卧"。

也许，比目鱼的卧算是鱼中之卧，可是它卧得实在太丑了。

《逸雅》说："卧，化也。精气变化，不与觉时同也。"虽然穿凿附会得很，但我还是喜欢这个阐释。我们可能联想到《西游记》里的妖怪，在神仙主人的训斥下卧倒在地化身为坐骑，随仙人驾云飞逝；我们也可以联想到那句骄傲的大话以自勉："蛟龙得云雨，终非池中物。"而那池中物的姿态，一定是卧。只不过，有朝一日，飞黄腾达，"精气变化，不与觉时同也"。

李白曾大放厥词："东山高卧时起来，欲济苍生未应晚。"（《梁园吟》）今天，不需要谁出来"济苍生"，所以，你是卧着还是躺着，站着还是趴下，都没人理会了——不就是拉灯睡觉嘛，别搞得那么玄乎！

高卧田园图
款题:
　　昨天读书,今朝种菜。生活是啥?实实在在。
　　戊子秋,沐斋。
创作时间:
　　2008年

逵

> 一达谓之道路……九达谓之逵。
> ——《尔雅·释宫》

传统小说刻画人物，谋士都要净皮长须，猛将都是环眼虬髯，不光模样要猛，名字也要猛：林冲的冲，张飞的飞，鲁达的达，李逵的逵。

林冲绰号"豹子头"，又称"小张飞"，以三国张飞为原型是无疑的了。绣像和影视剧都把他演绎得文质彬彬，完全是受小说中人物性格命运影响。长相谦和，也许心狠手辣；模样生猛，也许性情温柔。性格跟外貌没有必然关联。

"飞""冲"，都是速度极快的运动，暗示着取这个名字的人物性情刚猛，武艺高强。然而"达"和"逵"呢？初看起来，这两个字很温柔，事实并非如此。达、逵跟飞、冲这类剧烈运动密切相关（一旦剧烈，想温柔都难），而运动则跟道路和轨迹相关。《尔雅》区分了形形色色的道路：

一达谓之道路，二达谓之歧旁，三达谓之剧旁，四达谓之衢，五达谓之康，六达谓之庄，七达谓之剧骖（cān），八达谓之崇期，九达谓之逵。

"达"和"逵"都指涉道路，"一达"意思是通往一个方向，"九达"就是通往九个方向。"四达"以上的道路，包括"九省通衢"的"衢"，都算得上"四通八达"了，"五达""六达"的道路就是所谓的"康庄大道"。

必须有"道路"才有运动：飞机需要机场跑道，火箭需要发射平台，卫星、行星都得顺着轨道转，脱离了"道"的运动将"无路可走"。反过来，道、路作为符号所指的内涵意义,同样包含了某种剧烈运动的假设。

道路二字意含猛锐。朱元璋微服私访为一劁猪户写的春联:"双手劈开生死道,一刀割下是非根。"把一种低贱的职业写出了幽默和豪情,豪气正来自开道精神。"开道"总是需要一种勇猛精进的气概的,开路者叫做先锋,《水浒传》里有急先锋索超,"超"也跟道路有关。《说文》:"超,跳也。"跳跃,跟飞、冲一样,都是劈开道路的姿态。

运动与道路——运动的轨迹和承载物之间是相辅相成的。阮小二唤作立地太岁,"立地"是静止的,本身却含有一种一触即发的冲动,那姿态仿佛随时会跃身而起,对脚下的道路扬弃,做一场狂奔。更加有所保留的是鲁智深,花和尚本名鲁达,一达、二达,直至九达,"达"是指道路的方向。脱离了方向感的道路以及在道路上所做的运动,都是莽撞和蛮干,是穷折腾和乱扑腾。所以,鲁达和其他那些环眼虬髯的猛汉不一样,鲁达是智慧的,是有分寸感的。不光是战斗机,更是战斗机中的计算机,属于高科技高智商高品位。

完全无视方向感的是李逵。《诗经·周南·兔罝》:"肃肃兔罝,施于中逵。"逵是个很古老的汉字,按照《尔雅》的解释,属于道路之王,"九达谓之逵",真是最高级别的星光大道。八面来风还不够,仍要追加一面,可以说是无所不往,所向披靡,难怪叫李逵黑旋风,挡不住。可是"九达"的大路是个什么造型?四通八达的道路已经够复杂了,"九达"的逵,岂非张牙舞爪呈放射状如同大章鱼,哪里还有路的样子?

李逵的命名或许还和另一个大胡子有关,那就是钟馗。钟馗的形象,是"豹头环眼,铁面虬鬓,相貌奇丑",钟馗捉恶鬼,李逵治李鬼,连李逵探母与钟馗嫁妹两则故事体现的温情都如出一辙。何况,"馗"就是"逵"的异体字,只不过是两种不同的写法罢了。或许施耐庵在创造李逵这个形象时,想到了鬼王钟进士。大逵成了二逵的原型,是完全可能的,当然尚待考证。

《尔雅》中也提到了"馗",但那是指一种大蘑菇,据此有人牵强附会说钟馗的原型是蘑菇,这就有点可笑了。老子原名李耳,太上老君的真身就是木耳了不成?而且必然来自大兴安岭,因为那里的木耳最好,所以继续推论出老子原来是东北人……

祛邪图
创作时间：
　　2014年

舟

> 天子造舟，诸侯维舟，大夫方舟，士特舟，庶人乘泭。
> ——《尔雅·释水》

（一）

传统小说里常见的客套话："大人一路舟车劳顿，快请进寒舍歇息。"大人当然不可能一会下水一会上岸，辗转腾挪，海陆两栖，一路跋涉而来，无非是主人表达关怀的一种礼貌用语。但由此可见，古时候，舟和车两个词经常并用，以至于融为一体。

这也难怪，过去的交通工具无非就那么几样：陆上车马，水上舟筏。大体来讲，高干坐轿，为了摆谱；绅士乘车，这叫体面；军人骑马，显得威风；文人驾舟，可以解忧。(《诗经·卫风·竹竿》："淇水滺滺，桧楫松舟。驾言出游，以写我忧。")至于侠客，什么都不用，武侠小说和影视剧告诉我们，他们基本靠飞翔，还是自主式的。

陆上走的，主要是车和马。马并不适合长途，时间长了乘客的屁股难受，彪悍的主儿骑个几十里没啥问题，换作武侠片里那些娇滴滴干净净的女侠，要真是跨马骑上三天两夜的，走路不打晃才怪。所以还需要车。

古代的车，跟今天一样，也是奢侈品（手推车不算）。别说普通人家没有，穷一点的官宦子弟也照样坐不起。至于马，那当然是稀罕物，不是家家有，谁都养得起的，相当于现在的马6或者奥迪。至于项羽的乌骓、吕布的赤兔、刘备的的卢、秦琼的忽雷驳,那肯定是宝马、奔驰、法拉利、劳斯莱斯,而且可能是限量版,更有可能是概念车。当然,你有权不骑马,也可以骑驴。

但凡骑驴的,都是不算太穷的穷人。如果说马是奥迪,驴子就是奥拓,至于驴中的精品也顶多是辆捷达、富康或者奇瑞QQ。历史上骑驴的名人有两个,一个是诗人,一个是神仙。

可见诗人自古就不怎么富裕。诗人陆游,"细雨骑驴入剑门",诗歌的意境是非常好的,但诗人的滋味是不怎么好的。诗圣杜甫,出门也是骑头破驴,而且竟然"骑驴三十载",这是何等坐功。而那位郑綮,却因此留下千古名言,他那句"诗思在灞桥风雪中驴子背上"勾得多少诗人心摇神驰,但是今天倘若你乘车,让哪位诗人跟在后面骑驴,估计他要骂娘、要耍驴的(东北话,"耍驴"意为犯浑、吵闹、撒泼等)。

凡人骑驴是不得已,非凡之人骑驴就是个性了。比如阿凡提,那是智慧的象征。比如太上老君,那是圣者的标记。当然老聃由于体重超标,怕驴承受不起,于是改驴为牛,形式变了,内涵不变。至于典型的骑驴者神仙张果老,骑驴无非是做做样子,据说那驴子不过是他的折纸,是神仙的手工艺品,而且人家是倒骑驴,跟现在那些玩车技的年轻人比个性。

从车说到马,从马说到驴,不算跑题。在古代,车就是马,马就是车。马是车的核心部件,相当于汽车引擎发动机。但船就不一样了,车靠马拉,船却不能靠鱼,当然海马也是靠不住的。

尽管车和船的核心技术不同,但对于车主和坐船人来说,在排场和面子问题上,二者的功用是一致的。"牛人"的牛气当然不是靠牛拉出来的,而是驾车的马,确切地讲,是马的匹数——船也一样。

《尔雅》:"天子造舟,诸侯维舟,大夫方舟,士特舟,庶人乘桴。"意思就是说,皇帝坐的船其实是众船相连搭建成的可移动浮桥(相当于航母);诸侯坐的船需要四艘并肩相连,大夫则是两船并排,士人只坐一条船,寻常百姓就只有坐筏子了。

在这一点上,我们可以看到,如今国人对传统文化的继承做得非常好。不但继承,而且发展。不光在数量上下足了功夫,在质量上更是精益求精,比起古人有过之而无不及。据新闻报道，沈阳某牛人之子女结婚，N辆豪华"牛车"奔驰在马路上，浩浩荡荡，一望无垠，让群众叹为观止。不但在量上，更在质上达到了"身份和面子效益最大化"。虽然其人或许压根没翻过《尔雅》，但已知道在实践中自如运用"天子造舟，诸侯维舟，大夫方舟"的原理了，属于无师自通的天才。

至于"士特舟"，这句话，在"天才"心里简直是没有什么重量的。

（二）

北人滑冰，南人划船；北有冰刀，南有竹篙。都是因地制宜，靠山吃山，靠水吃水。

滑冰是很激动人心的事，从中可以体验速度与激情；划船却相反，悠闲、平静，像铺纸挥毫，在力与力的颉颃和抵牾中，感受微妙的、温柔的力量。所以，滑冰显露北方文化的特征，粗犷、外显、扩张、迅捷；荡舟却是南方文化的隐喻，含蓄、内敛、收缩、悠扬。

更主要的是，舟楫作为风行水上的有力工具，饱含着深厚的文化意蕴。文人的足迹恍如于宣纸上荡舟踏墨而行，书写下一路华章，这是知识分子的力量。

一支竹篙，一件蓑衣，一叶扁舟，寄托着古代知识分子——士人的出世情怀。渔、樵、耕、读是一个理想而有趣的搭配：奇异地呼应了毛泽东时期的阶级论——知识分子是无产阶级的一部分。但在古时候，那是双方的梦想：一边是艳羡着无产者的士人，一边是仰慕着士人的劳动人民。

"耕"的代表是荷蓧丈人，《论语·微子》载：

子路从而后，遇丈人，以杖荷蓧。子路问曰："子见夫子乎？"丈人曰："四体不勤，五谷不分。孰为夫子？"植其杖而芸。子路拱而立。止子路宿，杀鸡为黍而食之，见其二子焉。明日，子路行以告。子曰："隐者也。"使子路反见之。至则行矣。

孔子率弟子周游，子路遇老农，该老农自然非等闲老农，其实是道家思想的代言人，隐士的典范。

"樵"不必说，伯牙子期高山流水遇知音的故事妇孺皆知。子期便是"樵"

的榜样，事实是士人理想的归隐形象之一。

至于"渔"，那就更多了。因为"渔"的道具和活动场景能够提供更多的想象空间和叙述领域。文本之经典首推柳宗元：

渔翁夜傍西岩宿，晓汲清湘燃楚竹。烟销日出不见人，欸乃一声山水绿。（柳宗元《渔翁》）

古诗词中与"渔"有关的，不胜枚举。得意时畅想荡漾山水间享受休闲时刻，失意时更有驾舟遁隐之想。比如李白的空想：

人生在世不称意，明朝散发弄扁舟。（李白《宣州谢朓楼饯别校书叔云》）

李白会不会弄舟尚不好说，但是这舟他肯定是到底没去弄，只有传说，在临终一刻，他乘一舟，把酒问青天，想去弄月，结果沉溺水中。

人类无法飞翔，陆地上走得久了，没有谁不感到辛苦。所以，水，广袤的水域给了诗人心灵无限的空间。连禅宗祖师达摩都要如此，以一个潇洒的背影结束他很不成功的访华处女行：踏上芦苇扎成的独木舟，辞别梁武帝，一苇渡江，翩然北上。

谁谓河广，一苇杭之。

这却是《诗经》的名句。很早的时候，人们就开始这种向往了，并身体力行。《诗经》中与水及行水有关的诗句很多，我最倾心的是《卫风·竹竿》那句：

淇水滺滺，桧楫松舟。驾言出游，以写我忧。

自古文人多落寞，从来高士多寂寥。文化人习惯于忧郁和内省。诗三百的这一经典名篇似乎树立了范本，提供了启示，开了个很难说好的好头，让后代无数的文人墨客轻易找到解怀忘忧之路。曹操教唆人饮酒，《诗经》告诉人乘舟。于是李白一边酗酒一边弄舟，而他的晚辈苏学士，步其后尘，载酒泛舟，一遍又一遍，于是，前、后《赤壁赋》在山高月小之间，水落石出之际，悠然诞生。再晚些，跟着苏轼的遗迹，才子张孝祥，那传世绝响，同样呈现出千年不变、载酒泛舟的风流：

洞庭青草，近中秋，更无一点风色。玉鉴琼田三万顷，着我扁舟一叶。素月分辉，明河共影，表里俱澄澈。悠然心会，妙处难与君说。　应念岭海经年,孤光自照,肝肺皆冰雪。短发萧骚襟袖冷,稳泛沧浪空阔。尽吸西江,细斟北斗,万象为宾客。扣舷独啸,不知今夕何夕!(张孝祥《念奴娇·过洞庭》)

仿佛成了稳定的范式。就连范蠡,告别了尔虞我诈的政治名利场,在走向富甲天下的 BOSS 的道路上,传说也是通过水路。

水,一方面给人切实的悠然之感,享受徜徉自得的快意;一方面,水总是与无限相关。所谓天涯海角,海(水)是无涯的,所以读者(听众)的想象就得以无限地发挥和延伸。一切美好的结局都在富有同情心的人们的想象力中最终完满实现。人们会自动屏蔽恐怖丑恶的东西,而倾向于构建圆满。这也许是读者创造文本过程中的结构主义。

还是苏轼那充满画面感的诗作能够激发起我们的豪情和慷慨:

莫听穿林打叶声,何妨吟啸且徐行。竹杖芒鞋轻胜马,谁怕?一蓑烟雨任平生。　料峭春风吹酒醒,微冷,山头斜照却相迎。回首向来萧瑟处,归去,也无风雨也无晴。(苏轼《定风波》)

虽然没有水,甚至不见舟,但那文本的指向,何其分明——又是渔翁的呼唤,又是仕宦的风波,又是主体期待视野里圆满的构建。这样的过程,这样的故事,永远都会上演。对于渴望心灵之独立和精神之自由的人们来说,轻舟一叶,浩淼烟波,无上洒脱,人生之快意与逍遥,也就无过于此了。

"士特舟"。"舟"便是隐,"特"就是独,王小波塑造过一只特立独行的猪,"小波特猪",那也是士人的精神。

士特舟图
创作时间：
2015年

跋

对于国画来说，笔、墨、纸、砚这文房四宝之中，纸尤为重要，因为宣纸是最基本的素材，最终端的展示形态，它决定了你作画的效果和尺度。这个道理同样适用于写作。

我觉得，《尔雅》就是《温文尔雅》的"纸"。

于是这本书的创作就成了在"两张纸"上"作画"，一边是毛笔，一边是键盘；一边是徽宣，一边是经典。这对我而言称不上很轻松，然而也着实有趣，因为对于这书里所写的画的物事，我是真的喜欢。

小时候印象最深的是老屋后的窗外，经春历夏满目的绿槐。在槐花香甜的气氛里，跟姥姥画工笔画，诵古乐府诗，不时地闻听麻雀啾啾，是最快意的事。而房前的庭院，果蔬草木都逐一成熟，渲染成一片浓翠的幔：屋檐下的萱草、矮墙边的马蔺、水井旁的黄刺玫、篱笆上的牵牛、畦垄中的生菜……让儿时的我陶醉其间。

对于人间草木的热爱，是不是出于一种本性呢？这我不知道。不过，熏陶和教育也是重要的罢。这里有一份儿童刊物不能不提，那就是母亲给我订阅的《儿童画报》。其中的常设栏目《科林广见》，每期都有一个主题：蔬菜、水果、鱼、花、鸟、昆虫、野兽、树木……不单生物和自然，也介绍科技发明和天文地理，曾给我极大的喜悦和智识的帮助。

然而东北毕竟地理气候所限，《科林广见》里的南方草木我无从得见，始终心向往之。于是，当少年时第一次看到北京街头的枫树和花园里的牡丹的时候，当多年后来到西湖看到久仰的腊梅和桂花的时候，我感觉到自己内心愉快的震颤。

对花鸟虫鱼的喜好，似乎是一些人的共性。周作人和鲁迅小时候，都喜读《花镜》《山海经》和《毛诗》，因为里面有图。我自然难比周氏兄弟，起点也低，祖辈藏书其时早已化为乌有，农村哪里有好书来读？耳闻目诵的只有姥姥的记忆。至于后来接触儒道，晓得《尔雅》，那都是成年后极偶然的事，跬步腋裘，一点点走过来了。

《尔雅》虽号称经典，其实也不过是部原始工具书罢。《世说新语》里有蔡司徒渡江误食蟛蜞的故事，谢仁祖揶揄他"读《尔雅》不熟"，也不过在讽刺蔡氏胶柱鼓瑟。至于熟读《尔雅》是否就真能通达博物，我看也是未必的。然而，钟情万物并追求其背后附着积淀的文化传统，好似踏雪寻梅、月中觅桂，这本身是多么近于典雅又有趣的一件事。而于我，则仿佛回到了童年。

如今已是这个繁华都市盛夏之尾声。我的窗外正对着几株枝桠参差的青杨，树杪间飞来飞去的鸟儿的啾鸣和故乡童年时一样。白昼的暑气，伴随着蝉声编织的网；夜晚的清风，送来楼下草丛中螽斯和蛐蛐儿的和鸣。

沐斋

己丑年大暑于北京和平里